인생 처음으로 영어가 재밌다

스티븐의 이미지 영어

인생 처음으로 영어가 재밌다

스티븐의 이미지 영어

초판 1쇄 발행 2020년 1월 23일
초판 4쇄 발행 2023년 12월 15일

지은이 스티븐 허승재
발행인 박용범
펴낸곳 리프레시

출판등록 제2015-000024호 (2015년 11월 19일)
주소 경기 의정부시 서광로 135 센타프라자 405호
전화 031-876-9574
팩스 031-879-9574
이메일 refreshbook@naver.com

편집책임 임나윤
디자인 김태수
일러스트 양민희

ISBN 979-11-962230-8-3 13740

이 도서의 국립중앙도서관 출판예정도서목록(CIP)은 서지정보유통지원시스템 홈페이지(http://seoji.
nl.go.kr)와 국가자료종합목록 구축시스템(http://kolis-net.nl.go.kr)에서 이용하실 수 있습니다.
(CIP제어번호 : CIP2020000006)

인생 처음으로 영어가 재밌다

스티븐 허승재 지음

스티븐의 이미지 영어

리프레시

이번 성공은 당신 차례입니다

영어, 노가다는 이제 그만!

기존의 영어 학습법은 두 가지 스타일, 바로 '단순 암기'와 '단순 반복'으로 나눠 볼 수 있다. 그렇게 암기와 반복을 통해서 무언가를 한다는 것은 바로 '노가다'와 다를 것이 없다. 당신은 '노가다'를 꾸준히 지속할 수 없다. 지속할 수 없다면 영어 실력도 제자리걸음 일 수밖에 없고 이는 곧 실패를 의미한다. 이것이 그동안 우리가 영어를 대해온 방식이다.

언어는 이미지를 표현하는 과정이다

당신이 어제 먹은 점심식사 메뉴를 떠올려보자. 가만히 생각해보면 그 메뉴가 머릿속에서 한글로 떠오른 것이 아니다. 식당에 간 상황이나 메뉴의 이미지가 떠올랐을 것이다. 당신은 그 이미지를 한글로 표현했을 뿐이다. 이미지화 과정이 너무나 빠르게 지나가기에 그동안 미처 인식하지 못했던 것뿐이다. 영어도 마찬가지다.

이미지로 영어를 정확히/빠르게 이해하다

영어를 이미지화한다는 것은 원어민과 동일한 방식으로 이해한다는 것을 뜻한다. 이는 문장을 정확하면서도 빠르게 이해할 수 있도록 도와준다. 문장을 읽을 때는 내 속도로 이해하면 되기에 정확한 이해력만 있어도 상관없지만, 들을 때는 상대의 속도로 한번에 이해해야 하기 때문에 이해의 빠른 속도도 중요하다.

즐겁게 지속하니 성공이 보인다

이미지를 통해서 원서를 읽게 되면 문장의 의미를 이해하는 것을 넘어서 작가의 문체, 표현방식, 글의 스타일까지 세세하게 느끼게 된다. 즉, 한글책보다 오히려 더 깊이감 있게 원서를 읽을 수 있다. 영어를 한글 간섭없이 자연스럽게 읽게 되는 것도 즐겁지만, 베스트셀러를 원문 그대로 읽을 때의 희열이란 이루 말할 수 없다. 즐거우니 지속하게 되고 결국 영어성공이란 과실을 따먹을 수 있다. 3년만에 수천명의 성공 사례가 속출했다. 자, 이번 성공은 당신 차례다!

영어기술자 스티븐
허승재

5

CONTENTS

이미지영어를 경험해 본
수강생들의 느낌

 알려주신 대로 공부하니, 정말 잘, 쑥쑥 읽히더라고요. 내가 의식해서 번역하는 게 아니라, 누가 자연스럽게 동화 읽어 주는 것 같은 느낌. 그리고 그림이 그려지는 느낌이 나더군요. 특히 이미지로 단어 공부하고 보니까 문장들을 정말 쑥쑥 넘어가는 느낌입니다.

−30대 직장인 여성, 워니x워니님

 영어를 공부 대상으로 여기고 살다 보니 다들 영어를 부담스러워하고 힘들어 하는데, '스티븐 영어'의 장점은 그 부담을 없애 주는 점 아닐까 싶어요. 고수에게 족집게 조언받는 것 같았어요. 미묘한 영어의 뉘앙스 재밌습니다. 그런 느낌을 가지면서 원서를 읽어 보겠습니다.

−40대 직장인, 선우아빠님

 스티븐님의 조언이 도움이 많이 됩니다. 영어에 대한 철학과 영어를 대하는 방법. 이런 진짜 가이드를 여태 기다려왔어요. 문장이 이미지로 그려져요. 'staring up at'을 읽으면 턱을 들어 위쪽을 바라보며 응시하는 느낌이 든다는 거죠. 읽힌다는 게 어떤 건지 알겠습니다.

−40대 직장인, ricecandy님

요즘 원서 읽으면서 가장 기분 좋을 때는 그냥 소리 내어 읽을 뿐인데도 그 상황이 머리에 그려진다는 거예요! 완전 신기방기 ~~ 모르는 단어도 많이 나오긴 하지만 계속 읽다 보니 겹치는 단어들이 종종 나와서 제가 따로 노력하지 않아도 저절로 외워지는 효과도 있네요.

-30대 여성. 송송님

영어 갈증에 대한 오아시스 같은 느낌입니다. 온종일 직장에 시달리면서도 자기계발을 위해 노력하겠다며 비싼 강의를 들어보기도 했지만 복잡하고 많은 시간을 요했기에 오래가지 못했습니다. 하지만 심플하고 명쾌한 이 강의가 다시 잠자고 있던 외국어에 대한 공부 의지를 끓게 합니다!

-20대 직장인 남성. 애플아이폰님

한국 정서에 안 맞는 원어민 표현이 왜 그 상황에서 그렇게 쓰였는지, 물론 표현 자체는 익숙하진 않지만 의미는 '아하!' 하고 이해가 가고 정확히 모르는 것도 문맥을 유추하는 데 전혀 지장이 없어서 막 스킵하고 넘어가도 되고. 참 신기하더라구요.

-30대 주부, void님

Chapter 1
vocabulary

한 컷
단어

break

깨어지다

현재	break
과거	broke
과거분사	broken

① 깨어지다

깨지는 이미지 → 온전치 못한 모습

② 고장 나다(~ down)

고장 나서 아래로 향하다 → 고장 나서 퍼지다 → 고장 나다

③ 쉬다, 휴식

연결되던 일의 중간을 끊음

④ (뉴스가) 알려지다

숨겨 있던 것이 깨지면서 튀어나옴 → 뛰쳐나오다, 알려지다

스티븐의 3분 강의

break는 참 쉬운 단어입니다. '깨어지다'를 의미한다는 것을 우리 모두 잘 알고 있으니까요. 그런데 혹시 '(뉴스가) 알려지다'에도 break가 사용된다는 사실을 알고 있었나요? 그리고 '깨어지다'와 '쉬다'는 어떤 연관이 있는 것일까요? 영한사전을 펼쳐 보면 대부분 한 단어에 여러 의미가 있는데 우리는 맨 위 한두 개의 뜻만 암기하고는 사전을 덮고 이렇게 말합니다.

"나 break 다 외웠어."

하지만 문장마다 의미가 조금씩 다르게 활용되다 보니 단어를 외워도 문장에서는 항상 새롭게 느껴지곤 하죠. 문장이 이해되지 않는 것은 물론이고요. 그런 여러분을 위해서 스티븐이 나섰습니다. 우선 break는 '깨어지다'가 맞습니다. '깨어지다'를 기준으로 하나씩 살펴보시죠.

① 깨어지다

깨져서 온전치 못한 모습이 그려진다.

② 고장 나다

온전한 것이 깨지는 이미지에서 고장 나거나 온전치 못한 모습이 연상된다.

③ 쉬다, 휴식

굳건했던 것이 깨어지는 것은 단단한 밧줄이 파바박 터지는 것으로도 이미지가 연결된다. 그래서 주욱 연결되어 있던 일의 중간을 끊고 휴식을 취하는 이미지와도 연관이 있다.

④ (뉴스가) 알려지다

깨지는 이미지에서 숨겨 있거나 보이지 않던 것이 확 깨치면서 튀어나오는 이미지로 연결된다.

이제 break가 나오면 '깨어지다'를 기준으로 자연스럽게 이해할 수 있겠죠?

한 컷 영어 따라잡기

1. 깨어지다

The cup broke on the desk.
컵이 책상 위에서 깨졌다.

Why doesn't the company just break the publishing contract?
그 회사는 왜 그 출판 계약을 파기하지 않는 거지?

publishing contract
출판 계약

A severe wind may break the glass.
강한 바람 때문에 유리가 깨질 수도 있다.

severe
강한

2. 고장 나다 (~ down)

This car breaks down every month.
이 차는 한 달에 한 번씩 고장 나요.

▶ 고장 나서(break) 아래로(down) 향한 모습에서 퍼져 있는 이미지가 연상된다.

down
아래로

Why do elevators break down so very often?
왜 엘리베이터는 그렇게 자주 고장 나지?

14

3. 쉬다. 휴식

Let's break for a cup of tea.
좀 쉬면서 차 한 잔 마시자.

There is an hour break between shows.
공연 사이에 한 시간의 휴식이 있다.
▶ 연결된 공연 사이에 끊어진 시간 → 휴식

show
공연

I really need a break from work!
일에서 벗어나 정말 쉬고 싶어!

I need a little break outside.
나 잠깐 나가서 쉬어야겠어.

4. (뉴스가) 알려지다

Who's going to break it to Vivien?
누가 비비안에게 그 소식을 전할 거야?
▶ 예상치 못한 급한 소식이 튀어나와 그녀에게 전해지는 이미지
▶ 튀어나오는 소식 → 그녀에게 급작스러움

be going to
~할 것이다

breaking news
긴급 뉴스

break a passage through the people
사람들 속을 뚫고 길을 나아가다

passage
길

spring

확 펼쳐지다

현재	spring
과거	sprang
과거분사	sprung

① 봄

꽃들이 용수철처럼 확 펼쳐짐.

② 용수철

확 펼쳐짐.

③ 탄력, 불쑥

보이지 않던 것이 불쑥 나옴
→ 탄력과 연관됨.

④ 샘

물이 확 솟아나는 곳

⑤ 활기

생기가 확 솟아난 것

스티븐의 3분 강의

이번엔 영어 단어로 spring을 준비했답니다. '엥? 이 단어를 모르는 사람도 있나?', '혹시 나를 무시하나?'라고 생각하시나요? 제 설명을 들으면 이해가 될 겁니다. 그럼 시작하겠습니다.

혹시 spring이라는 단어에 대해 이런 궁금증을 가진 적 없었나요? '용수철(스프링)'과 '봄' 사이에 어떤 연관성이 있길래 spring이 이 둘의 의미를 나타내는 걸까? 사실 '용수철'과 '봄'은 밀접한 관련이 있어요. 봄만 되면 겨우내 얼어 있던 땅에 꽃들이 용수철처럼 확 펼쳐지거든요. 그리고 보니 spring의 의미인 '봄, 용수철, 탄력, 불쑥, 샘, 활기' 모두 확 펼쳐지는 이미지가 느껴지네요. 그리고 spring의 접두사 spr-이 바로 확 -, 쫙 - 이런 느낌을 가지고 있어요.

▶ sprinter(스프린터)는 웅크려 있다가 총성이 울리면 확 - 뛰쳐나가죠.

▶ 머리에는 spray(스프레이)를 촤악 - 뿌려요.

▶ 잔디밭에 물을 주는 sprinkler(스프링클러)는 물을 확 - 뿌려 주죠.

자, 그럼 이제 '한 컷 영어'를 친구들에게 spread out(전파)할 준비가 되셨나요?

한 컷 영어 따라잡기

1. 봄

Spring is not my favorite time of year.
나는 일 년 중 봄을 그리 좋아하지 않아.

The shop will have a spring sale in April.
그 가게에서 4월에 봄 세일 행사를 할 것이다.

Which flower blooms earliest in spring?
봄에는 어떤 꽃이 제일 먼저 피죠?

favorite
좋아하는

bloom
꽃이 피다

2. 용수철

The door works on a spring.
그 문은 용수철 장치로 움직인다.

The spring still keeps its life.
그 용수철은 아직 탄력이 있다.

spring
용수철

life
(무엇의) 수명

3. 탄력, 불쑥

There is no spring left in these old rubber bands.
이 낡은 고무줄은 탄력이 없다.

The frog crouched ready to spring.*
그 개구리가 점프 직전에 웅크렸다.
▶ '확'에서 '점프' 이미지 연상
▶ 한글 해석보다 개구리가 점프하려는 동작 상상

rubber band
고무줄

참고
The frog crouched
그 개구리가 웅크렸다

ready to spring.
점프하려고 준비하다

I'm sorry to spring it to on you. *

당신에게 그것을 갑작스레 말하게 되어 미안해요.

▶ 어떤 주제를 불쑥 꺼냄

a spring board at a swimming pool

수영장 도약대

spring to mind

(갑자기) 생각나다

▶ 생각이 확 솟아오르는 이미지

참고
I'm sorry
미안해요

to spring it on you.
그것을 불쑥 당신에게

4. 샘

Books are the spring of wisdom.

책은 지혜의 샘물이다.

▶ 지혜가 '확' 샘솟는 이미지

Spring water is bubbling up between the stones.

샘물이 돌 사이에서 콸콸 솟아나고 있다.

The traveler tried to drink from the bubbling spring. *

그 여행객은 솟아나는 샘물을 마시려 했다.

wisdom
지혜

bubble up
콸콸 쏟다

참고
The traveler tried
to drink
그 여행객은 마시려 했다

from the bubbling
spring.
솟아나는 샘물을

5. 활기

She walked along with a spring in her step.

그녀는 활기찬 발걸음으로 걸어갔다.

The bud is beginning to spring up.

싹이 나오기 시작하고 있다.

▶ 싹이 확 솟아난 이미지

▶ 바닥을 뚫고 올라온 이미지가 up(↑)과도 어울림

step
발걸음

bud
싹

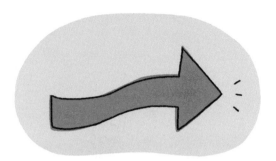

get
휙 이동하다

현재	**get**
과거	**got**
과거분사	**gotten**

① 받다

보내고 받는 것 → 물건의 이동

② 사다

(물건이) 이동하다 → (물건을) 사다

③ 가다, 오다

모두 이동의 이미지

④ 도착하다

이동 이미지

⑤ (어떤 상태가) 되다

상태의 이동

스티븐의 3분 강의

영어 단어를 공부할 때 일상생활에서 자주 나오는 단어들을 정말로 안다고 착각하는 경우가 있어요. 그 대표적인 어휘가 바로 get이에요. get을 사전에서 찾아보면 '받다, 얻다, 어떤 상태가 되다' 등등 30가지가 넘는 의미가 있어요. 의미가 너무나 많아서 여러분을 매번 괴롭히던 바로 이 get을 단 한 컷으로 끝내 드릴게요.

get은 '이동'의 느낌이에요. 다 배웠으니 다음 어휘로 넘어가면 됩니다. 정말 맞냐고요? 그럼 하나씩 살펴보시죠.

1. 받다
보내고 받는 건 물건의 이동을 나타낸다.

2. 사다
물건을 사는 행위는 물건이 판매자로부터 구매자에게 이동한 것이다.

3. 가다, 오다
모두 이동의 이미지.

4. 도착하다
집에 도착했다는 것을 의미할 때도 바로 get을 쓴다.

5. (어떤 상태가) 되다
A 상태에서 B 상태로 변한 것은 상태가 이동한 것. 즉, 상태의 이동을 나타낸다.

여러분은 드디어 get을 get하게 되었습니다. 축하합니다!

한 컷 영어 따라잡기

1. 받다

I got a letter from Eric.
나는 에릭으로부터 편지를 받았다.
▶ 편지가 에릭에서 나에게 이동

I get two bonuses a year.
나는 1년에 두 번의 보너스를 받는다.
▶ 보너스가 나에게 이동

I hope you to get a chance.
나는 당신이 기회를 얻기를 바라요.
▶ 기회가 당신에게 이동

chance
기회

When am I going get it back?
언제 그걸 돌려받을 수 있죠?
▶ 그것이 나에게 이동

Did you get good grades in school?
학교에서 좋은 점수를 받았니?
▶ 학점이 너에게 이동 → 학점을 받음

grade
점수

2. 사다

Where did you get the skirt?
그 스커트 어디서 샀어?
▶ 스커트가 너에게 이동

Where did you get this antique?
이 골동품 어디서 샀어?

antique
골동품

3. 가다. 오다

I've got to get back to work.
일하러 가야겠어요.
▶ 내가 일터로 이동

Why didn't we get our newspaper today?
오늘 신문이 왜 안 왔죠?
▶ 신문이 집으로 이동

Do you want to get something to eat?
먹을 것 좀 챙겨 갈까?
▶ 먹을 것의 이동

4. 도착하다

When I got home...
내가 집에 도착했을 때……
▶ 밖에서 집으로 이동

I've got to get back soon.
저는 금방 돌아와야 해요.

What time did he get home at?
그는 몇 시에 집에 돌아왔죠?

home
(부사) 집에, 집으로

5. (어떤 상태가) 되다

It's getting dark.
어두워지고 있다.
▶ 밝음 → 어둠으로 이동

You had better get married soon.
넌 빨리 결혼하는 게 좋겠어.
▶ 결혼하지 않은 상태 → 결혼한 상태로 이동

What time do you get off from work today?
오늘 회사에서 몇 시에 퇴근해?
▶ 퇴근 : 회사 안 → 밖으로 이동

get off
퇴근하다
〈get+전치사〉 참조

Don't let it get you down.
그것 때문에 우울해하지 마.

get down
(기분이) 아래로 이동
→ 기분이 가라앉다
→ 우울하다

I don't get drunk on beer.
저는 맥주에는 안 취해요.
▶ 취하다 : 안 취한 상태 → 취한 상태로 이동

Put

툭 두다

현재	put
과거	put
과거분사	put

① 두다

뭔가를 손으로 두다

② 밀어 넣다

(안쪽에) 두다

③ 부착하다, 매기다

(가격표를) 두다

④ 붙이다, (옷을) 입다, (안경을) 쓰다

(표면에) 두다 → 붙이다
(몸에) 두다 → (옷을) 입다

스티븐의 3분 강의

단어 put을 보면 여러분은 어떤 생각이 드나요? 뭐라고요?! 그냥 '두다'라는 의미만 떠오른다고요? 그런 여러분을 위한 뿌리 이미지 긴급 처방! 우선 put은 의성어처럼 '툭 ~'이라고 생각해 보세요. "put(풋) = 툭!" 발음이 왠지 잘 어울리죠? 뭔가를 툭 하고 두려면 우선 손으로 잡고서 이동시켜야겠죠? 그래서 put을 문장에서 보게 되면 '(손으로) 이동 후 툭 ~ 두는' 이미지를 동작과 함께 상상하면 됩니다. 그럼 의미들을 하나씩 살펴보시죠.

1. 두다
뭔가를 손으로 두다.

2. 밀어 넣다
안쪽에 두는 것은 '밀어 넣다'로 표현 가능하다.

3. 부착하다. 매기다
가격이 보이도록 게시판 표면에 두는 행위는 가격을 매기거나 가격표를 부착하는 것이다.

4. 붙이다. (옷을) 입다. (안경을) 쓰다
- 표면에 뭔가를 이동시켜서 두는 것은 표면에 붙이는 것을 의미한다.
- 옷을 몸에 붙이는 행위는 '옷을 입다'로 매칭이 된다.

그러고 보니 put은 push(밀다)와 pull(당기다)과도 동일하게 pu를 공유하고 있네요. 위의 세 어휘 모두 다 손동작을 의미하고요. 즉, pu가 바로 '손동작'과 연관 있다는 것을 알 수 있군요. 이제는 더 이상 put을 안 잊어버리겠죠?

한 컷 영어 따라잡기

1. 두다

I put forks on the table.
나는 포크를 테이블 위에 두었다.
▶ 포크를 테이블 위에 둘 때의 손동작 상상

Where should we put our trash?
쓰레기는 어디에 버려요?

Where should I put these supplies?
이 물품들을 어디에 둘까요?

He put the newspaper down on the table. *
그는 신문을 테이블 위에 놓았다.
▶ 신물을 잡고 이동해 아래쪽 테이블 위에 신문을 놓는 상상

2. 밀어 넣다

He put his papers in the military. *
그는 군대에 지원서를 넣었다.

First put your cash into the machine. *
먼저 귀하의 현금을 기계 안쪽으로 밀어 넣으세요.

trash
쓰레기

참고
He put the
newspaper down
그는 신문을 아래에 놓았다

on the table.
테이블 위 (on : 접촉)

참고
He put his papers
그는 지원서를 두었다

in the military.
군대(안)에

참고
First put your cash
먼저 귀하의 현금을 두세요

into the machine.
기계 안쪽으로

3. 부착하다, 매기다

The clerk put a price on the product. *
점원은 상품에 가격을 부착했다.
▶ 상품 위에 상품 가격을 손으로 put 하는 모습 상상

You cannot put a price on love.
사랑은 값을 매길 수 없다.
▶ 사랑에 가격표를 put 하는 모습 상상

4. 붙이다, (옷을) 입다, (안경을) 쓰다

Don't forget to put a stamp on the envelope.
우표를 봉투에 붙이는 것 잊지 마.
▶ 우표를 봉투 위에 두다 → 붙이다

She put her finger to her lips.
그녀는 손가락을 입술에 대었다.

She put on her coat and went out.
그녀는 코트를 입고 밖으로 나갔다.
▶ 옷을 손으로 잡고 몸에 접촉하다 → 옷을 입다

He put her glasses on.
그는 안경을 썼다.
▶ 손으로 안경을 잡아 얼굴에 대다 → 안경을 쓰다

참고
The clerk put a price
점원은 가격을 두었다
on the product.
상품 위에

envelope
봉투

glasses
안경

27

grip

꽉 움겨쥐다

현재	grip
과거	gripped
과거분사	gripped

① 움켜쥠

② 통제, 제어

(손으로) 움켜쥠 → 사로잡음

③ 이해

개념이 잡힘

④ (시선, 마음을) 끌다

(시선, 마음을) 사로잡다

스티븐의 3분 강의

3년 전 초등학생 과외로 영어 수업을 시작했습니다. 당시 아이들이 알파벳만 겨우 아는 수준이었는데, 어느 날 영어책을 읽다가 grip이 나왔는데 '움켜쥠, 통제, 이해, (시선을) 끌다' 등등 의미가 너무 많아서 어떤 것을 외워야 할지 모르겠다고 하더군요. 그래서 저는 그 학생의 멱살을 꽉 움켜쥐면서(grip) 말했습니다.

> **스티븐:** 지금 너를 누가 '통제'하고 있지?
>
> **학생:** 아~!
>
> **스티븐:** 뭔가를 이해했을 때 '개념이 잡혔다'라고 말하지?
>
> **학생:** 네!
>
> **스티븐:** 시선을 사로잡는 건 '시선을 끄는 것'과 같지?
>
> **학생:** 아하!

그렇게 그 학생은 grip의 모든 의미를 암기하고 이해하게 되었습니다.

1. 움켜쥠

2. 통제, 제어
손으로 움켜쥐어 못 움직이게 만드는 것은 '통제' 혹은 '제어'하는 것이다.

3. 이해
어떤 '개념이 잡히는 것'은 이해한다고 말할 수 있다.
한국어로 '감잡았어'라는 표현과도 유사하다.

4. (시선, 마음을) 끌다
시선이나 마음 등을 사로잡는 것은 시선이나 마음 등을 끄는 것을 의미한다.

이제 여러분도 grip을 grip 했나요?

한 컷 영어 따라잡기

1. 움켜쥠

Keep a tight grip on the horizontal bar. *
그 철봉을 계속 꽉 잡고 있어.

keep
유지하다
horizontal bar
철봉

참고
Keep a tight grip
계속 꽉 잡고 있어라

on the horizontal
bar.
그 철봉을

2. 통제. 제어

She lost her grip on her car.
그녀는 차를 제어할 수 없게 됐다.

The boss is old and is losing his grip.
사장은 늙어서 통제력을 잃고 있다.

lose
~을 잃다(과거형 lost)

3. 이해

He has a feeble grip of my idea. *
그는 내 생각을 잘 이해하지 못하고 있다.

Just get a grip on your friends.
너의 친구들을 이해해 봐.

I cannot grip his argument.
나는 그의 주장을 이해할 수 없다.

feeble
미약한

참고
He has a feeble
grip
그는 약간의 이해만 가지고 있다

of my idea.
내 생각을

argument
주장

4. (시선, 마음을) 끌다

The story never got any grip of me.
그 이야기는 내 마음을 조금도 사로잡지 못했다.

The story gripped the girls.
그 이야기는 소녀들의 마음을 끌었다[감명을 주었다].

His exciting story gripped us all.
그의 흥미로운 이야기가 우리 모두의 마음을 사로잡았다.

Her stunning look gripped the spectators.
그녀의 아름다운 외모는 관객들의 시선을 끌었다.

stunning
매우 아름다운

spectator
관객, 관중

look
외모

head

머리가 향하다

현재	head
과거	headed
과거분사	headed

① 머리

뿌리 이미지

② 책임자

(우두)머리

③ 향하다

머리 방향으로 가다

④ 이끌다

(우두머리가) 한 방향으로 향하게 하다

스티븐의 3분 강의

head는 누구나 다 아는 영어 단어죠? 바로 '머리'를 뜻하니까요. 그 외에도 다양한 의미가 있지만 사실 이 '머리'로 다 해결됩니다.

1. 머리
뿌리 이미지.

2. 책임자
무리의 우두머리는 책임자를 의미한다.

3. 향하다
머리가 향한 방향으로 진행하는 것은 '향하는 것'을 의미한다.
go보다 방향성에 좀 더 초점이 맞춰져 있다.

4. 이끌다
우두머리가 특정 방향으로 향하게 하는 것은 '이끄는 것'을 의미한다.

어떤가요? 각각의 뜻을 암기해야 했던 어휘가 알고 보니 다 같은 뿌리 이미지에서 파생되었다는 것을 알겠죠?

한 컷 영어 따라잡기

1. 머리

The girl is tilting her head.
여자아이가 고개를 갸우뚱하고 있다.

tilt
기울이다

He hasn't an idea in his head.
그의 머리는 텅 비어 있다.

He shook his head.
그는 머리를 흔들었다.

shake
흔들다(과거형 shook)

Stretch your arms upward, over your head.
두 팔을 머리 위쪽으로 쭉 펴세요.

upward
위쪽으로

2. 책임자

Everyone in our society wants to become the head.
우리 사회에서 다들 책임자가 되길 원해요.

society
사회

She is the country's head of state.
그녀는 이 나라의 수장입니다.

head girl / head boy
(학교의) 대표 여학생 / 남학생

He resigned as the head of sales.
그는 영업부 부서장직에서 사직했다.

resign
사직[사임]하다

3. 향하다

She departed from Korea to head home.
그녀는 한국을 떠나 고국으로 향했다.

depart
떠나다

Everyday, tourists head to Jeju Island.
날마다 관광객들은 제주도로 향한다.

tourist
관광객

I plan to head straight for Hallasan Mountain.
나는 한라산으로 곧장 향하려 한다.

straight
곧장

4. 이끌다

She became the first woman to head the committee.
그녀는 위원회를 이끄는 첫 여성이 되었습니다.

committee
위원회

My father heads a large corporation.
아버지는 대기업을 이끄신다.

corporation
회사

He has been appointed to head the security team.
그가 보안팀을 이끌도록 임명되었다.

appoint
임명하다

security
보안, 경비

charge

쭉 몰아붙이다

현재	charge
과거	charged
과거분사	charged

① 돌격(하다)

힘, 압박감이 느껴짐

② 청구(하다)

비용을 청구하는 것 → 지불에 대한 압박감

③ 비난(하다)

장군이 달려오는 압박감 →
상대방을 몰아붙이는 것 → 비난

④ (의무를) 지우다, 담당(하다)

어떤 의무를 지우거나
일을 담당 → 부담감

⑤ (배터리를) 충전하다

배터리에 힘을 가하는 것
→ 충전

스티븐의 3분 강의

험상궂은 인상의 장군이 말을 타고 여러분을 향해 돌격해 오는 모습을 한번 상상해 보세요. 어떤가요? 엄청난 힘과 압박감이 느껴지죠? 그게 바로 쭉 몰아붙이는 의미의 charge입니다.

1. 돌격(하다)

뿌리 이미지로 '힘'이 느껴진다.

2. 청구(하다), 요금

비용을 청구하는 것은 지불에 대한 압박감이 저변에 깔려 있다.

3. 비난(하다)

장군이 달려오는 압박감에 비견될 정도로 말로 상대방을 몰아붙이는 것이 바로 비난이다.

4. (의무를) 지우다, 담당(하다)

어떤 의무를 지우거나 일을 담당하는 것은 부담감이 저변에 깔려 있다.

5. (배터리를) 충전하다

배터리는 편안한 상태에서 충전되는 것이 아니다. 충분한 전압을 가지고 외부에서 배터리에 힘을 가해 에너지를 담는 것이 바로 충전이다. 그래서 배터리에 전기적인 부하(힘)를 주어 에너지를 담는 과정은 '충전하는 것'이다.

한 컷 영어 따라잡기

1. 돌격(하다)

I drove my car in full charge.
내 차를 전속력으로 운전했다.

▶ 차량의 힘이 느껴짐

drive
운전하다(과거형 drove)

The bull charges when he sees the color red.
황소는 빨간색을 보면 돌격한다.

bull
황소

Soldiers charged toward the enemy's position.
병사들은 적진으로 돌격했다.

enemy
적

2. 청구(하다), 요금

There is no charge for admission.
입장 무료

admission
입장

Banks lend money and charge interest.
은행은 돈을 빌려주고 이자를 청구한다.

interest
이자

What is the charge for a night in that hotel?
저 호텔의 하루 숙박비가 얼마인가요?

참고
Is there any extra
charge
추가 비용이 드나요

Is there any extra charge for gift-wrapping? *
선물 포장에 추가로 비용이 드나요?

for gift-wrapping?
선물 포장에?

3. 비난(하다)

She accepted the charge without protest.
그녀는 그 비난을 아무 이의 없이 받아들였다.

They made a charge against him for singing too loudly at night. *
그들은 밤에 너무나 시끄럽게 노래 부른 그를 비난했다.

4. (의무를) 지우다. 담당(하다)

Who is in charge of advertising?
누가 광고를 담당하고 있지요?

I'm in charge of sales in this city.
저는 이 도시의 판매를 담당하고 있습니다.

I want you to be in charge of apple cutting.
당신이 사과 깎는 일을 담당해 줬으면 해요.

5. (배터리를) 충전하다

I didn't charge the cellphone last night.
어젯밤에 휴대 전화를 충전해 놓지 않았다.

The garage charged up my dead battery.
정비소에서 방전된 배터리를 충전시켰다.

The charge in my car battery is low.
내 차 배터리 잔량이 얼마 안 남았다.

protest
이의, 저항

참고
They made a
charge against him
그들은 그를 비난했다

for singing too
loudly at night
밤에 너무 시끄럽게 노래 부른

advertising
광고

garage
정비소

39

Pick

콕 찍다

현재	pick
과거	picked
과거분사	picked

① 선택하다

여러 개 중 콕 찍어 선택

② (꽃을) 꺾다, (과일을) 따다

땅에서 꽃을 콕 집어들다 → 꺾다
나무에서 과일을 콕 집어들다 → 따다

③ 떼어내다

붙은 것을 콕 집어들다

스티븐의 3분 강의

pick은 우리 일상생활에서도 자주 사용하는 어휘죠. 누군가에게 차로 데리러 오라고 부탁할 때 픽업(pick up)이란 단어를 사용하기도 하니까요. 그런데 차로 데리러 오라고 할 때 왜 pick up한다고 할까요? 우선 pick을 앞서 언급했던 put처럼 의성어로 생각해 보세요. "pick(픽) = 콕!" 즉, 뭔가를 콕 찍거나 집는 뿌리 이미지를 가집니다. 이 뿌리 이미지를 기준으로 하나씩 살펴보시죠.

1. 선택하다

여러 개 중 콕 찍어(집어서) 선택하는 이미지이다.

2. (꽃을) 꺾다. (과일을) 따다

땅에서 꽃을 콕 집어 들면 꺾는 것이고, 과일을 나무에서 콕 집어 들면 따는 것이다.

3. 떼어내다

붙은 것을 콕 집어서 들면 떼어내는 이미지이다.

이제 pick up의 이미지가 그려지나요? 어떤 대상을 콕 잡고서(pick) 들어 올린(up) 것이네요. 즉 "나를 픽업해 줘. = 나를 잡고서 (차에) 들어올려 줘." 이런 느낌으로 쓰일 수 있겠네요. 쓰레기를 잡아 들어 올릴 때도 쓸 수 있어요. 이런 방식으로 여러 상황에 뿌리 이미지를 대입시키면 한국어로는 그때마다 자연스럽게 바꿀 수 있지요. 눈치 챘나요? 이게 바로 말로만 듣던 직독직해의 초석이고, 영어를 영어로 이해하는 방법이랍니다.

한 컷 영어 따라잡기

1. 선택하다

People pick fruit at a market.
사람들이 시장에서 과일을 고르고 있다.

It's up to you. Pick any place you want.
원하시는 대로요. 원하시는 곳으로 아무 데나 선택하세요.

Take your pick, I will buy it for you.
네가 선택해. 내가 사 줄게.

pick
(명사) 선택, 고르기

2. (꽃을) 꺾다. (과일을) 따다

The girl is picking the apples.
소녀가 사과를 따고 있다.

They were ripe enough to be picked.
그것은 따도 될 만큼 충분히 익었다.

ripe
익은

It's so easy to pick a flower.
꽃을 꺾기는 매우 쉽다.

3. 떼어내다

She picked a thread from his shirt.
그녀가 그의 셔츠에서 실을 떼어냈다.

I picked him off a tree.
나는 그를 나무에서 떼어냈다.

He picked up garbage on the street.
그가 거리에서 쓰레기를 주웠다.

Please, pick it up for me.
그것을 주워 주세요.

Pick up the phone, Anne! It's for you.
전화 받아, 앤! 네 전화야.

thread
실

garbage
쓰레기

컵이 책상 위에서 깨졌다.

→ _____

그 회사는 왜 그 출판계약을 파기하지 않는 거지?

→ _____

왜 엘리베이터는 그렇게 자주 고장 나지?

→ _____

일에서 벗어나 정말 쉬고 싶어요.

→ _____

누가 비비안에게 그 소식을 전할 것인가?

→ _____

나는 일 년 중 봄을 그리 좋아하지 않아.

→ _____

봄에는 어떤 꽃이 제일 먼저 피죠?

→ _____

그 문은 용수철 장치로 움직인다.

→ _____

당신에게 그것을 갑작스레 말하게 되어 미안해요.

→ _____

그 여행객은 솟아나는 샘물을 마시려 했다.

→ _____

get

휙 이동하다

나는 에릭으로부터 편지를 받았다.

→ _____

학교에서 좋은 점수를 받았니?

→ _____

그 스커트 어디서 샀어?

→ _____

저는 금방 돌아와야 해요.

→ _____

나는 그곳으로 몇 시에 가야 하죠?

→ _____

Put

툭 두다

쓰레기는 어디에 버려요?

→ _____

그는 신문을 아래에 놓았다.

→ _____

먼저, 귀하의 현금을 기계 안쪽으로 밀어 넣으세요.

→ _____

그는 군대에 지원서를 넣었다.

→ _____

점원은 가격을 게시했다.

→ _____

꽉 움겨쥐다

그 철봉을 계속 꽉 잡고 있어.

→ _____

그녀는 차를 제어할 수 없게 됐다.

→ _____

그는 내 생각을 잘 이해하지 못하고 있다.

→ _____

너의 친구들을 이해해봐.

→ _____

그 이야기는 내 마음을 조금도 사로잡지 못했다.

→ _____

머리가 향하다

그의 머리는 텅 비어있다.

→ _____

우리 사회에서 다들 책임자가 되길 원해요.

→ _____

그녀는 이 나라의 수장입니다.

→ _____

날마다 관광객들은 제주도로 향한다.

→ _____

그녀는 위원회를 이끄는 첫 여성이 되었습니다.

→ _____

charge

쭉 몰아붙이다

내 차를 전속력으로 운전했다.

→ _____

저 호텔의 하루 숙박비가 얼마인가요?

→ _____

선물 포장에 추가로 비용이 드나요?

→ _____

그녀는 그 비난을 아무 이의 없이 받아들였다.

→ _____

저는 이 도시의 판매를 담당하고 있습니다.

→ _____

Pick

콕 찍다

사람들이 가게에서 과일을 고르고 있다.

→ _____

소녀가 사과를 따고 있다.

→ _____

꽃을 꺾기는 매우 쉽습니다.

→ _____

그녀가 그의 셔츠에서 실을 떼어냈다.

→ _____

그가 거리에서 쓰레기를 주웠다.

→ _____

TIP · 바쁜 당신을 위한 영어 공부법

성인들 대부분은 영어를 공부하기 위해서 따로 시간을 할애하기 쉽지 않다. 그러므로 생활 속에서 자연스럽게 영어에 노출될 수 있도록 해야 한다. 다음 방법들을 활용해 보자.

❶ 스마트폰 활용

▶ 휴대 전화 설정을 영어로 바꿔라. 처음에는 불편할 수 있지만 곧 익숙해진다.

▶ 시리 등 음성 서비스와 영어로 가볍게 질문하고 대화해 보자. 무료 원어민 선생님이 바로 여러분 옆에 있었다.

❷ 해외 블로그, 원서 활용

▶ 휴대 전화 게임이나 인터넷 뉴스 대신 해외 블로그나 원서를 읽어라.

❸ 페이스북

▶ 영어 공부용 계정을 새로 만들어 외국인에게 친구 신청을 해라. 처음 몇 명이 어렵지 추천 친구에 외국인들만 뜨면서 점차 친구 만들기가 수월해진다.

❹ 외국인 친구 만들기

▶ 언어 교환 사이트 : https://www.conversationexchange.com/

▶ 〈스티븐영어〉 카페 무료 영어 채팅

Chapter 2
preposition

한 컷
전치사

in

영역 안에

① ~ 안에

(어떤 영역의) 안

② ~을 입은

(옷의 영역) 안

③ ~으로

(어떤 영역) 내에서

스티븐의 3분 강의

영어를 학습하다 보면 시도 때도 없이 '전치사'가 나옵니다. 자주 나오다 보니 굉장히 친숙하지만, 사실상 전치사에 대해 아는 것이 별로 없지요. 문장을 읽을 때 분명 다 아는 어휘로 이루어져 있는데도 문장 자체가 이해되지 않는 이유 중 하나이기도 합니다. 왜냐하면 한국어에는 전치사가 없기 때문입니다. 전치사도 단어와 마찬가지로 단순히 영어 어휘 하나를 한국어 어휘 하나로 1:1 매칭해서는 정말 답이 안 나옵니다. 그런 여러분을 위한 극약 처방으로 준비한 것이 바로 '뿌리 이미지'입니다.

in의 뿌리 이미지는 무엇일까요? '~ 안'이라고요? 그럼 영화 〈Man in Black(맨 인 블랙)〉에서 in도 '~ 안'인가요? 스티븐이 in을 재정립해 드리겠습니다. in은 '(어떤 영역의) 안'입니다. 그게 그거 아니냐고요? 다릅니다. 하나씩 살펴보시죠.

1. ~ 안에
(어떤 영역의) 안.

2. ~을 입은
우리는 옷을 입는다고만 생각하지만, 잘 생각해 보면 옷이라는 영역 안에 우리의 몸이 들어가 있는 상태이다.

3. ~으로
'(어떤 영역) 내에서'의 의미가 문장에 따라 '~으로'로 해석된다.

이제 진짜 in이 보이나요?

한 컷 영어 따라잡기

① ~ 안에

Two students in my English class fell in love. *
내 영어 강의를 듣는 두 학생이 사랑에 빠졌다.
▶ 사랑이라는 영역 안에(in)에 쏙 빠진 이미지 → 사랑에 빠지다

People camp in the woods in the summer.
사람들은 여름이면 숲에서 야영한다.
▶ 숲 속에 쏙 빠진 이미지, 여름 속에 쏙 빠진 이미지

The trees are standing in the forest.
나무가 숲 속에 서 있다.

② ~을 입은

He looked very awkward in his new shirt.
그는 새 셔츠를 입으니 매우 어색해 보였다.

You look great in that new dress.
그 새 옷 입으니까 정말 멋진데.
▶ 옷의 영역 안에 쏙 들어간 이미지

How do I look in this suit?
이 정장 입은 내 모습 어때?

참고
Two students in my English class
내 영어 강의에 두 학생이

fell in love.
사랑에 빠졌다

forest
숲(= woods)

awkward
어색한

suit
정장

③ ~으로

I paid in cash.
나는 현금으로 지급했다.
▶ 현금이라는 영역 내에서 지급하다.

cash
현금

Speak in English.
영어로 말해라.
▶ 영어라는 영역 내에서 말하다.

He looked in her direction.
그는 그녀가 있는 방향으로 바라봤다.
▶ 그녀가 있는 방향 내에서 바라보다.

direction
방향

In this way we see the invisible.
이 방법으로 우리는 무형의 것을 봅니다.
▶ 이 방법(영역) 내에서

invisible
보이지 않는

on

표면에 접촉한

① ~ 위에

표면에 접촉한 상태

② (교통수단) ~으로, ~에

교통수단 등에 접촉

③ ~에 관하여

사건 등에 접촉 → 사건 등 관련 이야기

④ (장소)에

장소 등에 접촉

⑤ 계속하여

진행 상태에 접촉

스티븐의 3분 강의

on을 보면 대표적으로 '~ 위'와 '(불을) 켜다'라는 뜻이 생각날 거예요. 그렇죠? 그런데 과연 이 둘 사이에는 어떤 연관이 있을까요? 우선 on의 뿌리 이미지는 '~ 위'가 아니라 '접촉'입니다. 하나씩 살펴보시죠.

1. ~ 위에

표면에 접촉한 상태를 나타낸다.

2. (교통수단) ~으로, ~에

교통수단 등에 접촉한 것을 '~으로', '~에' 등으로 표현할 수 있다.

3. ~ 에 관하여

사건 등에 접촉한 것은 해당 사건과 관련된 이미지로 '~에 관하여'로 표현할 수 있다.

4. (장소)에

장소 등에 접촉한 이미지는 '~에'로 나타낼 수 있다.

5. 계속하여

진행하는 상태에 접촉해 있으면 '계속하는' 것이다.

여기까지는 어렵지 않았죠. 그럼 처음에 언급했던 '(불을) 켜다'는 접촉과 어떤 의미가 있을까요? 우리는 겉으로 보이는 전등의 불이 켜지고 꺼지는 상황만 생각하지만 사실 불이 켜지려면 내부에 떨어져 있던 회로가 서로 붙어(접촉) 전기가 흘러야 합니다.

off   on

드디어 여러분은 on을 제대로 이해하게 되었네요.

한 컷 영어 따라잡기

1. ~ 위에

There is a pen on the book.
책 위에 펜이 있다.

The dog is on the sofa.
개가 소파 위에 있다.

She fell on her butt.
그녀는 엉덩방아를 찧었다.

butt
엉덩이

2. (교통수단) ~으로, ~에

People are on the bus.
사람들이 버스에 있다.

I fell asleep on the boat.
나는 배에서 잠들었다.

fall asleep
잠들다

3. ~에 관하여

On these things history is silent.
이들 일에 관하여 역사는 아무것도 언급하지 않았다.

silent
조용한

My mind is divided on the issue.
그 문제에 관하여 내 생각은 하나로 모이지 못하고 있다.

divide
잘게 나누다

form a judgement on a question *
어떤 문제에 관하여 의견을 세우다

참고
form a judgement
의견을 형성하다
→ 의견을 세우다

on a question
어떤 문제에 관하여

4. (장소)에

What floor do you live on?
몇 층에 사세요?

floor
(건물의)층

sit on a nest of eggs
알을 품다
▶ '(알과 엉덩이가) 접촉해 앉다'의
   이미지는 '품다'로 표현할 수 있다.

nest
묶음

The Apollo 11 landed on the moon.
아폴로 11호는 달에 착륙했다.
▶ 아폴로가 달에 가까워지다가 접촉한 상태는 바로 '착륙'이다.

This ink spreads on the paper.
이 잉크는 종이에 번진다.

spread
번지다

5. 계속하여

The drunken man is still on the beer.
술 취한 남자가 아직도 술을 계속 마셔대고 있다.
▶ 남자가 맥주에 여전히 접촉한 상황이라는 것
   → 지속해서 맥주를 마시다

drunken
술이 취한

I will push my luck on this matter.
이 문제에 관해서 나는 계속 운을 믿고 하겠다.
▶ 내 운이 이 문제에 딱 접촉되어 맞닿아 있는 상태라는 것은 '이 문제
   에 계속 내 운을 맡기겠다'는 것을 의미한다.
▶ 운을 push 해 이 문제에 딱 접촉 → 이 문제에 계속 운을 맡김

luck
운(수), 행운

matter
문제

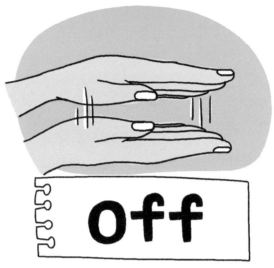

off

원래에서 분리된

① 끊어져
연결되어 있던 것이 분리

② 출발하여
원래 있던 위치에서 분리

③ 제거
분리하거나 격리

④ 멀리
거리가 상당히 떨어진 상황

⑤ 할인
100% 가격에서 일부 분리

⑥ 휴가
업무의 연속선상에서 분리

스티븐의 3분 강의

on과 떼려야 뗄 수 없는 전치사가 바로 off인데요. 전등을 켜고(on) 끌 때(off)도 함께 활용하죠. 이렇게 생각해 보니 분명 on과 off는 의미가 상반되는 단어라 예상해 볼 수 있네요. 이쯤 되니 off의 뿌리 이미지가 on과 대비해서 느껴지지 않나요? 맞습니다. on은 '접촉'을 의미하고, off는 '분리'를 의미합니다. 전등을 끌 때 내부 회로가 떨어져서(분리) 전기가 차단된 상황까지 머릿속에 그려질 것입니다.

이렇게 영어를 이해하니 정말 쉽지 않나요? off의 의미를 하나씩 살펴보시죠.

1. 끊어져
연결되어 있던 것이 분리되어 단절된 상태는 '끊어진' 것이다.

2. 출발하여
원래 있던 위치에서 붙어 있던 것이 분리되면서 움직이는 시점을 '출발한다'고 표현할 수 있다.

3. 제거
현재 위치에서 분리하거나 격리하면 '제거'한 것이다.

4. 멀리
붙어 있던 것이 분리되어 거리가 상당히 떨어진 상황은 '멀리'로 표현할 수 있다.

5. 할인
100% 가격에서 일부가 분리되어 떨어져 나간 것은 '할인'되었다는 것을 의미한다.

6. 휴가
붙어 있던 업무에서 분리된 상태는 '휴가'다.

한 컷 영어 따라잡기

1. 끊어져

I want to chop off my long hair.
나는 긴 머리를 잘라내고 싶어요.
▶ 머리카락을 자르면(chop) 분리(off)된다.

chop
자르다

The wind blew my hat off.
바람에 모자가 날아갔다.
▶ 모자와 머리의 분리 → 떨어져 나가다 → 날아가다

blow
(과거형 blew)
바람이 불다

This is going to put me off my food.
밥맛 떨어지겠다.
▶ 나와 음식의 분리된 상태 → 식욕이 떨어지다

Ripe apples fell off the tree.
익은 사과가 나무에서 떨어졌다.
▶ 나무에 붙어 있던 사과가 떨어져(fell) 분리(off)된다.

2. 출발하여

The plane lifted off on time.
비행기는 제시간에 이륙하였다.
▶ 비행기가 땅에서 분리 → 출발 → (비행기) 이륙

lift off
이륙하다

She shook the dust off her feet.
그녀는 발의 먼지를 흔들어 털어냈다.
▶ 발을 흔들어 먼지를 발에서 분리 → 털어내다

dust
먼지

The group was ready for off.
그룹은 출발할 준비가 되어 있다.
▶ 현 위치에서 분리 → 출발

3. 제거

She was left off of the list.
그녀의 이름은 명단에서 빠져 있었다.

The place is off-limits to students.
학생 출입 금지 구역
▶ 이 장소와 학생들은 분리되어야 한다.
  학생들이 분리된 상태 → 해당 위치에서 제거 → 출입 금지

off-limits
출입 금지의

Hold on, I need to peel this mask off.
잠깐만요, 마스크 좀 벗어야겠어요.
▶ 벗으니까(peel) 당연히 분리(off)된다.

peel
벗기다

4. 멀리

The spring is still a long way off.
봄은 아직도 아득히 멀다.
▶ 봄이 멀리 분리되어 있음 → 현재와 거리가 있다 → 멀다

The meeting is off till next month.
회의는 다음 달까지 미루어졌다.
▶ 회의가 다음 달까지 분리된 상태 → 다음 달까지 미루어짐

She finished off her work efficiently.
그녀는 효율적으로 일을 끝냈다.
▶ 일을 끝낸 뒤 분리 → 일에서 멀어짐 → 일을 끝냄

efficiently
효율적으로

5. 할인

one third off the regular price
정가의 1/3 할인

regular price
정가

Most major airlines have just kicked off a fare sale.
대부분의 주요 항공사들이 운임 할인을 시작했다.
▶ 발로 차서 분리됨(kick off) → 본 위치에서 멀어지기 시작
→ 시작하다

The sales clerk took 20 percent off on our purchase. *
점원이 우리가 구매할 물건의 가격을 20% 할인을 해 주었다.

참고
The sales clerk took 20 percent off
점원이 20% 할인을 했다.

on our purchase
우리가 구매한 물건을

We are offering ten percent off the list price.
당사는 정가에서 10%를 할인해 드립니다.

list price
정가

Everything's 30% off.
모든 물건은 30% 할인입니다.

6. 휴가

I'm ready for about a month off right now.
난 지금 당장 한 달 정도 휴가를 갈 준비가 되어 있어.

I want to take a couple of days off next month.
다음 달에 이틀 정도 휴가를 얻고 싶습니다.

She's been off work since Tuesday.
그녀는 화요일부터 휴가 중이다.

Can I get the day off tomorrow?
내일 휴가를 내도 될까요?

day off
(근무, 일을) 쉬는 날

Next Tuesday is my personal day off.
다음 주 화요일은 개인 휴가입니다.

over

어떤 것을 넘는

① ~을 넘는, ~ 위쪽의

이쪽에서 저쪽으로 넘다

② ~ 위를 덮어

넘음 → 덮음(감싸는 이미지)

③ 곳곳에

어떤 것을 넘는 것 →
전체를 감싸는 것(덮음) → 곳곳에

④ ~의 저편으로

어떤 것을 넘는 것 → 이쪽에서 저쪽으로
넘는 것 → ~의 저편으로

⑤ 완전히

(어떤 것의 전체를) 덮음
→ 완전히

스티븐의 3분 강의

over를 생각하면 가장 먼저 떠오르는 표현이 all over the world죠. 우리말로는 '곳곳에' 정도로 표현할 수 있는데요. over는 사실 더 많은 의미가 있어요. '~ 위쪽의, ~ 위를 덮어, ~의 저편으로, ~을 지배하여, 완전히' 등등 이런 의미들을 포괄하는 뿌리 이미지가 있을 거라고 생각할 텐데요. over의 뿌리 이미지는 '어떤 것을 넘는'입니다. 어떤 것을 넘으려면 넘을 대상이 있고, 이쪽에서 저쪽으로 넘는 것이죠. 그리고 넘는다는 것은 대상보다 위쪽을 의미하고요. 하나씩 살펴보시죠.

1. ~을 넘는, ~ 위쪽의

넘는 다는 것은 위치상 어떤 것의 위를 의미한다.

2. ~ 위를 덮어

무언가를 넘는 이미지에서 덮는 이미지로 의미가 확장된다.

3. 곳곳에

어떤 것 또는 전체를 넘는 이미지에서 전체를 감싸는 이미지로 확장되고 이는 '곳곳에'로 해석될 수 있다.

4. ~의 저편으로

어떤 것을 넘는 것은 이쪽에서 저쪽으로 넘는 이미지고, 이는 '~의 저편으로'를 의미할 수 있다.

5. 완전히

어떤 것의 전체를 덮는 이미지에서 '완전히'로 의미가 확장된다.

이제야 비로소 "Game over!"가 이해되기 시작하네요. 게임을 기준으로 시작점에서 끝점으로 넘어간 느낌으로 '게임이 끝났다'를 의미하는 거군요!

한 컷 영어 따라잡기

1. ~을 넘는, ~ 위쪽의

The horse is jumping over the fence.
말이 울타리를 뛰어넘고 있다.
▶ 말이 울타리를 뛰어넘는 모습이 over(   )의 이미지와 연결됨.
▶ 위 + 넘음

The ball bounced over the net.
공이 튀어 네트를 넘어갔다.
▶ 머릿속에서 공이 네트를 넘는 모습을
  over의 이미지와 연결해서 상상해 보자.
▶ 위 + 넘음

bounce
공이 튀다

The picture is over the stereo.
그림은 오디오 위에 있습니다.
▶ 오디오보다 그림의 사이즈가 큰(   ) 이미지

The sign is over the doorway.
표지판이 현관 위에 있다.

doorway
현관

2. ~ 위를 덮어

wear a patch over the eye
눈에 안대를 착용하다
▶ 안대가 눈 위에서 덮는 이미지

patch
안대

He held an umbrella over my head.
그가 내 머리 위로 우산을 씌워 주었다.
▶ 펼쳐진 우산이 머리를 덮는 이미지

umbrella
우산

Please put a cover over the food.
그 음식에 덮개를 덮어 주세요.
▶ 음식 위를 커버가 감싸는 이미지

cover
덮다

3. 곳곳에

The fallen leaves are spread all over the street.
낙엽이 길의 곳곳에 널려 있다.

fallen leaves
낙엽

I was looking all over for you.
널 사방으로 찾고 있었어.
▶ 시선이 온 사방을 덮을 정도로 뒤져서 찾고 있는 이미지

look for
찾다

4. ~의 저편으로

What time is it now over there?
지금 거긴 몇 시죠?
▶ 그곳과 이곳은 상대적으로 거리가 먼 이미지

There is a bus station right over the hill.
언덕 너머에 버스 정거장이 있다.

station
정거장

Is that your friend walking over there?
저기 가는 사람 네 친구 아냐?
▶ 거리가 상대적으로 먼 이미지

The man is looking over his shoulder.
남자가 (어깨 너머로) 뒤를 보고 있다.
▶ 어깨를 기준으로 시선이 앞쪽에서 뒤쪽으로 넘어간 이미지
▶ 어깨 너머로 보다 → 뒤를 보다

5. 완전히

It's not over till it's over.
완전히 끝날 때까지는 끝난 게 아니야.
▶ 시작에서 끝으로 넘어간 이미지에서 '끝나다'로 의미가 확장됨.

till
~까지, ~에 이르기까지

I am over and done with him.
나는 그와 완전히 끝났어.

The rain is over and gone!
비가 완전히 그쳤어!

67

get + 전치사

이동하다

① get up

위로 이동하다 → 일어나다

② get in

(장소) 안으로 이동 → (안에) 도착하다
(탈것) 안으로 이동 → (차 등을) 타다
(시험 커트라인) 안으로 이동 → (시험에) 합격하다

③ get off

현재 있던 위치에서 분리 → 떠나다, 내리다
일에서 이동해 분리 → 퇴근하다

④ get over

(장애물을) 이동해 넘음 → ~을 건너다, 극복하다
(질병/충격을) 넘어서 이동 → 회복하다, 극복하다

스티븐의 3분 강의

기존에 우리는 '숙어'라고 해서 동사와 전치사를 묶어서 암기하곤 했죠. 앞부분에서 기초 동사와 전치사들을 학습해서 이제는 알 겁니다. 동사의 의미도 여러 가지고, 전치사도 의미가 다양하다는 것을요. 개별적으로도 여러 의미를 가지는 동사와 전치사가 결합하게 되면 더 다양한 의미가 있게 됩니다. 즉, 숙어를 일일이 암기할 수도 없고 그럴 필요도 없죠. 그게 무슨 말이냐고요? 이건 그냥 동사를 제대로 알고, 전치사를 제대로 알면 상황에 따라 적절히 이해하면 됩니다.

1. get(이동) + up(위로)

위쪽(up)으로 이동(get)하는 이미지는 '일어나다'를 의미한다.

2. get(이동) + in(영역 안으로)

- 이동(get)해서 어떤 영역의 안(in)으로 가는 이미지가 '도착하다'의 의미를 갖는다.
- 이동(get)해서 탈것 안으로(in) 가는 것은 '(차 등을) 타다'를 의미한다.
- 이동(get)해서 시험 안으로(in) 쏘옥 들어간 것은 '시험에 합격하다'이다.

3. get(이동) + off(분리)

이동(get)해서 현재 위치에서 분리(off)되면 '떠나다, 내리다'의 의미다.
일에서 이동(get)해서 분리(off)되는 것은 '퇴근하다'를 의미한다.

4. get(이동) + over(넘다)

이동(get)해서 장애물 등을 넘는(over) 것은 그것을 '극복하다, 해내다, 건너다' 등을 의미한다.

어떤가요? 앞으로 숙어는 외우지 말고 가볍게 이해하자고요!

한 컷 영어 따라잡기

1. get up

- 일어나다

Get up earlier, and you will become healthy.
더 일찍 일어나라, 그러면 건강해질 것이다.

I never get up early in the morning.
나는 아침 일찍 일어나지 않아요.

I have to get up at 7:30 a.m.
나 아침 7시 30분에 일어나야 해.
▶ 위 + 넘음

healthy
건강한

get up
일어나다

2. get in

- (장소) 안으로 이동 → (안에) 도착하다

What time does your flight get in?
당신 비행기는 언제 도착하나요?

What time does the express bus from Uijeongbu get in?
의정부발 급행버스는 몇 시에 도착합니까?

The bus will get in at 6:30 p.m.
버스는 저녁 6시 30분에 도착할 거예요.

flight
비행기, 항공편

express bus
급행버스

■ (탈것) 안으로 이동 → (차 등을) 타다

The driver helps her get in and out of taxis.
그 기사는 그녀가 택시를 타고 내리는 것을 돕는다.

There is some people who hate to get in the lift.
리프트 타는 것을 싫어하는 사람들도 있다.
▶ 이동해서(get) 리프트 안(in)으로 가는 것 → 리프트를 타는 이미지

The man is getting in the car.
남자가 차에 타고 있다.
▶ 차 안으로 쏘옥 이동하는[들어가는]
　 이미지

Nick held the boat steady as she got in.
그녀가 탈 때 닉은 배가 흔들리지 않게
잡아 주었다.

steady
안정된

■ (시험 커트라인) 안으로 이동 → (시험에) 합격하다

I'm sure we're going to get in.
나는 우리가 시험에 합격하리라는 것을 확신한다.

She got a pass in French.
그녀는 프랑스어 시험에 합격했다.

pass
(시험) 합격

He got a pass in driver's license.
그는 운전면허 시험에 합격했다.

driver's license
운전면허증

3. get off

■ 현재 있던 위치에서 분리 → 떠나다, 내리다

What subway station should I get off at?
어느 지하철역에서 내려야 하죠?
▶ 지하철로부터 이동해서(get) 거리가 떨어지는(off) 것 → 내리는 것

subway station
지하철역

Get off at the next to the last stop.
종점 바로 앞 정거장에서 내려라.

stop
정거장

You can get off wherever you want.
어딘든 원하시는 곳에 내리시면 됩니다.

wherever
어디든지

한 컷 영어 따라잡기

■ 일에서 이동해 분리 → 퇴근하다

What time usually do you get off from work?
보통 몇 시에 퇴근하세요?

I normally get off at the regular time.
저는 대개 정시에 퇴근해요.

normally
보통, 대개

4. get over

■ (장애물을) 이동해 넘음 → ~을 건너다, 극복하다

The sheep are trying to get over the fence.
양들이 울타리를 넘으려고 하고 있다.

fence
울타리

You have to get over to the No. 6 Line here.
여기서 6호선으로 갈아타세요.
▶ 여기서 6호선으로 넘어가(over) 이동하는(get) 것은 '갈아타는' 의
  미다.

line
노선

How did you get over here?
당신은 어떻게 여기에 건너오게 되었나요?

I'm pretty sure I'm going to get over it.
난 내가 그 것을 극복할 거라고 믿어.

He will get over with this difficulty by the act of will.
그는 이 어려움을 의지력으로 극복할 것이다.

■ (질병/충격을) 넘어서 이동 → 회복하다, 극복하다

Get over it and move on.
이제 극복하고 다시 시작해.

I'm hurt by what he said and I can't get over it.
나는 그의 말에 상처받아서, 그것을 극복할 수 없다.

I want to help my daughter to get over her broken-heart.
내 딸이 가진 마음의 상처를 극복하도록 도와주고 싶어.

It took me a long time to get over my cold.
감기가 낫기까지는 상당한 시간이 걸렸어요.

sure
확신하는
pretty
아주, 매우
act of will
의지력

hurt
다친, (마음에) 상처를 입은

broken-heart
(이별로 인한) 상심

cold
감기

Put + 전치사

○○을 두다

① put in
(뭔가를) 안쪽에 두는 것
→ ~을 (밀어) 넣다

② put on
(몸에 옷을) 접촉해서 두다
→ ~을 입다

(얼굴에 화장품을) 접촉해서 두다
→ ~을 바르다, 칠하다

(무게/살을) 접촉해서 두다
→ (무게/살을) 붙이다 → (무게/살)이 붙다

11월 ➡ 12월

③ put off
현 위치의 날짜를 떨어뜨려 놓다
→ 미루다, 연기하다

스티븐의 3분 강의

스티븐은 기존의 암기를 강조하는 영어 학습법이 너무 싫었답니다. 영어라는 큰 틀 안에는 있고 싶었지만, 암기에서는 도망치고 싶었죠. 그러다 보니 이렇게 이해를 바탕으로 한 '한 컷 영어'까지 나오게 되었답니다. 가볍게 이해하면서 영어를 대하니 영어가 재밌어지지 않았나요?! 그럼 이번엔 put이 포함된 숙어를 하나씩 살펴보시죠.

1. put(두다) + in(영역 안에)

put은 손발을 움직여 무언가를 두는 것을 의미하고(꼭 손동작이 있어야 하는 건 아니다), in은 어떤 영어의 '안'을 의미한다. 따라서 put in은 뭔가를 안쪽에 두거나 밀어 넣는 것을 나타낸다.

2. put(두다) + on(접촉)

- 손으로 옷 등을 잡아서 몸으로 이동해 두어서(put) 접촉(on)하는 것은 '옷을 입다'를 의미한다.
- 손으로 화장품을 잡고 얼굴 등에 이동시켜 접촉하는 것은 '~을 바르다, 칠하다'를 의미한다.
- 무게나 살 등이 몸에 접촉되면 '(무게/살)이 붙다'를 의미한다.

3. put(두다) + off(분리)

날짜를 현재 위치에서 떨어뜨려(off) 놓는(put) 것은 '미루다, 연기하다'를 의미한다.

이제 여러분은 어휘나 전치사를 보면 뿌리 이미지를 기준으로 이해할 수 있게 되었습니다. 축하합니다!

한 컷 영어 따라잡기

1. put ~ in

- ~을 (밀어) 넣다

If you see the teacher, please put in a good word. *
만약 선생님을 보게 되면, 말 좀 잘 해 주세요.
▶ 좋은 말을 밀어 넣는 것은 말을 잘 해 달라는 의미

He sometimes puts in fifteen hours' work a day. *
그는 하루에 15시간 일할 때도 있다.
▶ 하루에 15시간의 업무로 밀어 넣다.
▶ 과중한 업무에 put 하는 느낌

to put in a claim for damages *
손해배상요구를 한다
▶ 손해배상요구를 밀어(put) 넣다(in).

2. put on

- (옷 등을) 몸에 접촉하다 → ~을 입다

Put on your pajamas and go to bed.
잠옷을 입고 자라.

Well, I have a sweater you can put on.
그럼, 당신이 입을 만한 스웨터가 있어요.

The man is putting on a cardigan.
남자가 카디건을 입고 있다.

참고
If you see the teacher,
만약 선생님을 보게 되면.

please put in a good word.
말 좀 잘 해 주세요

참고
puts in fifteen hours' work a day
하루에 15시간 일하다
→ 한글로 해석하면 밀어 넣는 느낌은 사라진다.

참고
claim for damages
손해배상요구
→ 손해에 대해 무언가를 요구하는 것은 '손해배상요구'다.

cardigan
카디건

■ 얼굴 등에 접촉하다 → ~을 바르다, 칠하다

So put on sun cream every morning before you start out.
그러니 여러분이 나가기 전에, 매일 아침 선크림을 바르세요.
▶ 손으로 화장품을 잡고 얼굴 등에 이동시켜 접촉하는 것은 '~을 바르다, 칠하다'를 의미한다.

She powdered her face and put on her lipstick.
그녀는 얼굴에 파우더를 바르고 립스틱을 칠했다.

powder
파우더를 바르다

■ 몸에 접촉해 붙이다 → (무게/살)이 붙다

I've put on a lot of fat around my stomach.
복부에 지방이 붙었습니다.
▶ 무게/살 등이 몸에 접촉되면 '(무게/살)이 붙다'를 의미한다.

fat
지방

If we lose, we will put this on here.
우리가 지면 여기에 우리의 이름표가 붙게 됩니다.

lose
지다

3. put off

■ 미루다, 연기하다

Why do you always put off doing important things?
넌 왜 늘 중요한 일을 미루니?

important
중요한

Never put off until tomorrow what you can do today.
오늘 할 일을 내일로 미루지 마라.

They had to put off their wedding until December.
그들은 결혼식을 12월로 연기해야 했다.

have to
~해야 하다

come ＋ 전치사

○○ 오다

AM 6:00

① come out

밖으로 오다 → (해, 달, 별이) 나오다
→ (해, 달, 별이) 뜨다

(꽃이) 나오다
→ (꽃이) 피다

(책 등이) 나오다
→ 생산되다, 출간되다, 출시하다

(숨겨진 것이) 나오다
→ (소식, 진실 등이) 드러나다, 결과가 나오다

속에 있던 말이 나오다
→ (말이) 나오다

빨리 넘어와~

② come over

넘어오다 → (멀리/넘어서) 오다

스티븐의 3분 강의

어!? 배우지 않은 come이 나왔네요. 왜냐하면 우린 이미 come을 잘 알고 있잖아요. come은 이미 알고 있듯이 '오다'니까요. 사실 come은 단순한 '오다'가 아니라 '~와 가까워지다'의 뿌리 이미지를 가지고 있어요. 우리말로는 come이 '가다'로 번역될 때도 있거든요. 그래서 엄마가 부엌에서 방에 있는 아이에게 밥을 먹으라고 부르면, 아이는 I'm coming(가고 있어요).이라고 말한답니다. 한국어는 '가다'로 번역되지만 속뜻은 '엄마에게 가까워지고 있어요.'라는 의미죠. 이것만 알아도 앞으로 come을 대할 때 좀 더 유연하게 받아들일 수 있을 겁니다. 헷갈릴 수 있으니 이번에는 우리가 이미 알고 있는 뜻 '오다'를 기준으로 강의를 시작하겠습니다.

1. come(오다) + out(밖)

■ (해, 달, 별이) 뜨다
밖으로 오는 이미지가 해, 달, 사람 등의 경우에는 '나오다'를 의미하게 된다.

■ (꽃이) 피다
꽃봉오리가 밖으로 나오는 경우에는 '꽃이 피다'를 의미한다.

■ 생산되다, 출간되다, 출시하다
책, 신제품 등이 세상에 나오는 것은 '생산되다, 출간되다, 출시되다' 등을 의미한다.

■ (소식, 진실 등이) 드러나다, 결과가 나오다
숨겨진 또는 모르던 것이 밖으로 나오는 것은 '(소식, 진실 등)이 드러나다, 결과가 나오다'를 의미한다.

■ (말이) 나오다
속에 있던 말이 나오는 것은 '(말이) 나오다'를 의미한다.

2. come(오다) + over(넘다)

■ 넘어오다

어떤가요? 이제는 영어가 점점 만만해지지 않나요?!

한 컷 영어 따라잡기

1. come out

■ 밖으로(out) 오다(come) → (해, 달, 별이) 나오다

The sun will come out tomorrow at 6:20 a.m.
내일은 해가 오전 6시 20분에 뜰 것이다.
▶ 해가 나오다 → 해가 뜨다

Almost all the people came out.
거의 모든 사람이 밖으로 나왔다.

almost
대부분, 거의

She never really came out to sing.
그녀는 앞에 나와서 노래 부른 적이 절대로 없다.

The baby came out from under the table.
아기가 탁자 밑에서 나왔다.

■ (꽃이) 나오다 → (꽃이) 피다

Most roses will begin to come out from late May.
대부분의 장미는 5월 말부터 피기 시작한다.

The cherry blossom came out early.
올해는 벚꽃이 일찍 피었다.

cherry blossom
벚꽃

■ (책 등이) 나오다 → 생산되다, 출간되다, 출시되다

This is the new car that came out recently.
이것이 최근에 출시된 새 차이다.

recently
최근에

The new album from Big Bang just came out.
빅뱅의 새 음반이 막 나왔어.

album
(음악) 앨범

I hope the books come out this week.
책들이 이번 주에 나왔으면 좋겠네요.

New novels come out almost every day.
새 소설책이 거의 매일 같이 출시된다.

■ (숨겨진 것이) 나오다 → (소식, 진실 등이) 드러나다, 결과가 나오다

Did the results come out alright?
결과가 잘 나왔어?

How did your tests come out at the doctor?
의사 선생님이 검사 결과가 어떻다고 하던가요?

■ 속에 있던 말이 나오다 → (말이) 나오다

The words came out of his own mouth.
그 말은 그 본인의 입에서 나온 거예요.
▶ 말이 속에서부터 목을 거쳐서 나오는 이미지

2. come over

■ 넘어오다

Aren't you able to come over here?
네가 여기로 넘어올 수는 없어?

Would you like to come over for an interview today?
오늘 면접 보러 오시겠어요?

Would you like to come over tonight?
오늘 밤에 넘어올래?

novel
소설

result
결과

○○ 찍다

① pick on
여러 가지 중에 ~을 콕 집어들다
→ ~을 뽑다

② pick off
콕 집어서 분리하다
→ ~을 제거하다

③ pick up
(모르던 것을) 콕 집어 올리다 → 알게 되다

(없던 것을) 콕 집어 올리다 → ~을 얻다

(더러운 것을) 콕 집어 올리다 → 치우다, 줍다

(차 안으로) 집어 올리다 → 차에 태우다

스티븐의 3분 강의

pick의 뿌리 이미지가 뭐라고 했었죠? 그래요. 의성어처럼 '콕'을 상상하라고 했죠. 뭔가를 콕 집어 드는 의성어인 '콕'을 기준으로 전치사를 하나씩 살펴보시죠.

1. pick(콕) + on(접촉)

■ ~을 뽑다

여러 가지 중에 ~을 콕 집어(pick) 들면 접촉(on)된 상태이고, '~을 뽑다'를 의미한다.

2. pick(콕) + off(분리)

■ ~을 제거하다

콕 집어서(pick) 분리하는(off) 것은 '~을 제거하다'를 의미한다.

3. pick(콕) + up(위로)

■ 알게 되다

모르던 것을 콕 집어(pick) 올리는(up) 이미지에서 '알게 되다'로 의미가 확장된다. 모르던 것을 알게 되었을 때 우리말로 '감잡았어'라고 말하는 것과 유사하다.

■ ~을 얻다

~을 콕 집어 올리면 '~을 얻을' 수 있다.

■ 치우다, 줍다

방의 더러운 것을 콕 집어서 올리는 것은 '~을 치우는[줍는]' 것이다.

■ 차에 태우다

누군가를 차에 집어(pick) 올리는(up) 이미지는 '차에 태우는' 것이다.

기존의 강의들은 강사가 모든 정보를 쥐고 있고, 새 모이 주듯이 아주 조금씩 개별 문장들을 알려 주었습니다. 어휘 하나, 문장 하나는 단순한 벽돌에 불과합니다. 아무리 벽돌이 많다고 해도 설계도와 그 벽돌들을 이어 주는 시멘트가 없다면 돌무더기에 지나지 않습니다. 그래서 '한 컷 영어'는 여러분께 뿌리 이미지라는 시멘트와 영어 학습법이라는 설계도를 제시해 드립니다. '한 컷 영어'를 통해서 여러분은 영어라는 자신만의 집을 직접 지을 수 있게 됩니다.

한 컷 영어 따라잡기

1. pick on

■ ～을 뽑다

Why pick on her of all people?
많은 사람들 중에 왜 그녀를 뽑는 거야?

Pick the white brick on the wall and look at it.
벽에 그 하얀 벽돌을 골라 그것을 보세요.

brick
벽돌

I do not want to pick on Ronaldo.
나는 호나우두를 뽑는 것을 원치 않아.

2. pick off

■ ～을 제거하다

He tried to pick the nail off.
그가 못을 제거하려 했다.
▶ 못을 집어서(pick) 제거(off)하는 이미지

nail
못

Pick off all the dead leaves.
죽은 잎들은 모두 떼어내라.
▶ 집어서 분리시킨(pick off)건 죽은 잎들이라는 이미지

leaf
잎 (복수형 leaves)

3. pick up

■ (모르던 것을) 콕 집어 올리다 → 알게 되다

It's truly amazing how small children pick up words.
조그마한 아이들이 말을 알게 되는 것은 정말로 신기하다.

truly
정말로, 진심으로

We picked it up a few minutes ago.
우린 몇 분 전에 그 사실을 알게 되었죠.

■ (없던 것을) 콕 집어 올리다 → ~을 얻다

I'm here picking up tips from the master.
나는 달인에게서 유용한 팁들을 얻고 있어.

master
달인, 명수

You can pick up advices and ask questions.
당신은 조언을 얻고, 질문할 수 있습니다.

advice
조언

■ (더러운 것을) 콕 집어 올리다 → (방 등을) 치우다, 줍다

The children are picking up the trash.
아이들이 쓰레기를 줍고 있다.

trash
쓰레기

They pick up garbage on the street.
그들은 거리에서 쓰레기를 줍는다.

garbage
쓰레기

Will you pick up all your toys?
네 장난감을 전부 치워 줄래?

■ (차 안으로) 집어 올리다 → 차에 태우다

The bus picks up passengers outside the airport.
그 버스는 공항 밖에서 승객들을 태운다.

passenger
승객

I was picking up your daughter.
나는 당신의 딸을 태워 주고 있었다.

daughter
딸

The school bus is picking up a child.
스쿨버스가 한 아이를 태우고 있다.

영역 안에

내 영어강의를 듣는 두 학생이 사랑에 빠졌다.

→ _____

사람들은 여름이면 숲에서 야영한다.

→ _____

나무가 숲속에 서 있다.

→ _____

그는 새 셔츠를 입으니 매우 어색해 보였다.

→ _____

나는 현금으로 지급했다.

→ _____

표면에 접촉한

그녀는 엉덩방아를 찧었다.

→ _____

책 위에 펜이 있다.

→ _____

개가 소파 위에 있다.

→ _____

남자가 버스에 있다.

→ _____

이 문제에 관해서 나는 계속 운을 믿고 하겠다.

→ _____

Off

원래에서 분리된

나는 긴 머리를 잘라내고 싶어요.

→ _____

비행기는 제시간에 이륙하였다.

→ _____

그녀는 발의 먼지를 흔들어 털어냈다.

→ _____

회의는 다음 주까지 미루어졌다.

→ _____

다음 달에 이틀 정도 휴가를 얻고 싶습니다.

→ _____

Over

어떤 것을 넘는

말이 울타리를 뛰어넘고 있다.

→ _____

그 음식에 커버를 덮어 주세요.

→ _____

머리에 우산을 받쳐.

→ _____

낙엽이 길의 곳곳에 널려있다.

→ _____

완전히 끝날 때까지는 끝난 게 아니야.

→ _____

복습하기 숙어는 동사와 전치사 개별단어 의미의 조합입니다

이동하다

나는 아침 일찍 일어나지 않아요. (get up)

→ _____

나는 저녁 6시 30분에 도착할 거예요. (get in)

→ _____

그 기사는 그녀가 택시를 타고 내리는 것을 돕는다. (get in)

→ _____

어느 지하철역에서 내려야 하죠? (get off)

→ _____

동물들이 울타리를 넘으려고 하고 있다. (get over)

→ _____

○○을 두다

만약 선생님을 보게 되면, 말 좀 잘해주세요. (put in)

→ _____

그는 하루에 15시간 일을 할 때도 있다. (put in)

→ _____

잠옷을 입고 자라. (put on)

→ _____

그녀는 얼굴에 파우더를 바르고 립스틱을 칠했다. (put on)

→ _____

오늘 할 일을 내일로 미루지 마라. (put off)

→ _____

내일은 해가 오전 6시 20분에 뜰 것이다. (come out)

→ _____

그녀는 앞에 나와서 노래 부른 적이 절대로 없거든요. (come out)

→ _____

올해는 벚꽃이 일찍 피었다. (come out)

→ _____

오늘 면접 보러 오시겠어요? (come over)

→ _____

오늘 밤에 넘어올래? (come over)

→ _____

왜 모든 사람 중에 그녀를 뽑는 거야? (pick on)

→ _____

나는 호날두를 뽑는 것을 원치 않아. (pick on)

→ _____

그가 못을 제거하려 했다. (pick off)

→ _____

조그마한 아이들이 말을 알게 되는 것은 정말로 신기하다. (pick up)

→ _____

그 버스는 공항 밖에서 승객들을 태운다. (pick up)

→ _____

영어 공부에 도움되는
유용한 사이트

❶ http://lang-8.com

전 세계의 원어민들이 서로 언어를 교정해 주는 사이트. 작성한 영어 작문을 외
국인에게 교정받을 수도 있고, 반대로 외국인이 남긴 한국어를 교정해 줄 수도
있다.

❷ http://blog.naver.com/happycymbals

네이버에서 활동하는 유일한 외국인 블로거 미치 선생님의 블로그. 스티븐과 친
구이며 실전 미국식 표현들과 문화를 배울 수 있다.

❸ www.englishow.co.kr

영어 원서를 읽는 사람들이 모여 함께 원서도 읽고 영어를 공부할 수 있는 다양
한 자료를 공유하는 사이트. 내가 영어를 공부하면서 유일하게 활동한 한국 사이
트이기도 하다.

❹ http://www.americanrhetoric.com/

미국의 유명한 연설문들을 모아놓은 사이트이다. 마틴 루서 킹부터 오바마까지
다양한 명연설의 스크립트와 MP3 등을 공유하는 곳이다.

❺ http://www.mykoreanhusband.com/

호주댁의 한국 생활기를 그린 '마이 코리안 허즈번드' 블로그. 한국에서 영어를
공부하려면 기본적으로 한국에 관심 있는 외국인들이 좋아하는 콘텐츠와 블로거
들을 쫓아다녀야 한다. 이 블로그를 즐겨 방문하다 보면 다른 유사한 유튜버들도
많이 알게 될 것이다.

Chapter 3

expressions

한컷
필수표현

I have time
on one's hands

할 일이 없다

'손 위에 시간이 있다'는 것은 '시간을 가지고 있다'는 것을 의미한다. 시간을 가지고 있다는 것은 또한 시간이 많다는 것이고, 이는 별다르게 할 일이 없다는 것까지 의미하게 된다.

손 위에 시간이 있음 ▶ 시간을 가지고 있음 ▶ 시간 많음 ▶ 할 일이 없다

⭐ 학습하기

1

Friend 1	Hey, I thought you were in the math class right now.
Friend 2	We were supposed to have it but it was canceled.
Friend 1	Oh well, since you have some time on your hands, would you like to join me for a PC room?
Friend 2	OK. I don't really have anything better to do.
친구 1	야, 너 지금 수학 교실에 있는 줄 알았어.
친구 2	수업 시간은 맞는데 취소됐어.
친구 1	아 그렇구나. 너 시간 좀 있는 것 같은데, PC방 갈래?
친구 2	그래. 별다른 일이 없네.

2

Friend 1	Hey, what are you doing?
Friend 2	I'm building a model of the 63 building using matchsticks.
Friend 1	You really have much on your hands!
Friend 2	I don't have a job right now so I have a lot of free time.
친구 1	뭐 하고 있어?
친구 2	성냥개비로 63빌딩 모형을 만들고 있어.
친구 1	너 시간이 남아도는구나!
친구 2	나 요즘 일이 없잖아. 그러다 보니 시간이 좀 많네.

3

- I have some time on my hands between now and my next project.
  지금부터 다음 프로젝트 사이에 시간이 많아.

- Maria has some time on her hands as she has arrived early for her schedule.
  마리아는 일정보다 일찍 도착해서 시간이 약간 있어.

bite off more than you can chew

욕심부리다

본인이 깨물 수 있는 이상을 물어뜯는 것은 현재 본인의 능력을 넘어서는 욕심을 부리는 것이다. 이는 또한 능력을 넘어선다고도 말할 수 있다.

깨물 수 있는 이상을 물어뜯다 ▶ 욕심부리다. 능력을 넘어서다

1

Professor	Hello, Maria. I'm sorry that I have to see you again.
Maria	I'm sorry, professor. I tried as hard as I could indeed.
Professor	What seems to be the problem?
Maria	Well, sir, I decided to take a full course load and I have a part-time job. In addition, I play piano and I'm on the debate team as well.
Professor	Do you think you may have bitten off more than you can chew?
Maria	Well maybe. Alright, I will try to adjust my workload.
교수	안녕, 마리아. 안됐지만 자네를 한 번 더 보게 되겠네. (속뜻: 자네 낙제라 수업을 한 번 더 들어야겠네.)
마리아	교수님, 죄송합니다. 전 진심으로 최선을 다했어요.
교수	무슨 문제인 것 같은가?
마리아	있잖아요. 제가 학점을 최대로 수강했는데 아르바이트가 있었어요. 게다가 피아노도 치고, 토론 동아리에도 소속되어 있거든요.
교수	네가 욕심부렸다고 생각하니?
마리아	그런 것 같아요. 이 과부하가 걸린 상황을 극복할 방법을 찾아볼게요.

▪full course load: 최대 학점 수강

2

- Maria has repeatedly blown past deadlines and submission dates. It seems as if she's bitten off more than she can chew.
  마리아는 데드라인과 제출일을 반복적으로 어겨. 그녀는 아마도 욕심을 부리는 것처럼 보여.

- People bite off more than they can chew, so it turns up a lot of resolutions fail.
  사람들은 과욕을 부린다. 그래서 대부분의 결심은 실패로 나타난다.

1 Friend 1 Hey, I thought you were in the math class right now.

Friend 2 We were supposed to have it but it was canceled.

Friend 1 Oh well, since you have some time on your hands, would you like to join me for a PC room?

Friend 2 OK. I don't really have anything better to do.

2 Friend 1 Hey, what are you doing?

Friend 2 I'm building a model of the 63 building using matchsticks.

Friend 1 You really have much on your hands!

Friend 2 I don't have a job right now so I have a lot of free time.

3 ▪I have some time on my hands between now and my next project.

▪Maria has some time on her hands as she has arrived early for her schedule.

4   Professor   Hello, Maria. I'm sorry that I have to see you again.

Maria   I'm sorry, professor. I tried as hard as I could indeed.

Professor   What seems to be the problem?

Maria   Well, sir, I decided to take a full course load and I have a part-time job. In addition, I play piano and I'm on the debate team as well.

Professor   Do you think you may have bitten off more than you can chew?

Maria   Well maybe. Alright, I will try to adjust my workload.

5   ▪ Maria has repeatedly blown past deadlines and submission dates. It seems as if she's bitten off more than she can chew.

    ▪ People bite off more than they can chew, so it turns up a lot of resolutions fail.

a chip off the old block
(부모 닮은) 판박이

오래된 블록에서 떨어져나온(off) 조각의 이미지에서 부모로부터 떨어져 나온 유전자를 물려받은 이미지로 의미가 확장되었다. 즉, (부모를 닮은) 판박이.

오래된 블록에서 떨어져 나온(off) 조각 ▶ 부모로부터 유전자를 물려받음
▶ (부모 닮은) 판박이

★ 학습하기

1   **Woman 1**   I'm a bit worried about my son.

        Woman 2   What's happened?

        Woman 1   He looks a lot like his father. They are both overweight. So I'm worried about his health.

        Woman 2   Well, don't worry too much. You're very thin so your son must be a chip off the old block.

        여자 1   내 아들이 좀 걱정돼.

        여자 2   무슨 일인데?

        여자 1   아빠를 많이 닮았거든. 둘 다 과체중이야. 건강이 염려돼.

        여자 2   음. 너무 걱정하지 마. 넌 무척 말랐으니까 네 아들도 틀림없이 (널) 닮겠지.

2   ■ It seems to me that like you are a chip off the old block.
내가 볼 때 넌 부모님과 판박이인 것 같아.

     ■ In many ways, Glen is a chip off the old block. They're so much similar.
글렌은 여러 면에서 부모님 판박이야. 그들은 정말 닮았거든.

     ■ Hilariously Peter's new moves are a chip off the old block.
재미있게도 피터의 새로운 행동들은 부모님을 쏙 빼닮았어.

     ■ You are so much like your father, a real chip off the old block.
너 아빠랑 많이 닮았네. 정말 판박이야.

     ■ David is a chip off the old block. He is a lawyer just like his father.
데이비드는 (아빠) 판박이야. 아버지처럼 똑같은 변호사거든.

get in one's head
(~를) 휘두르다

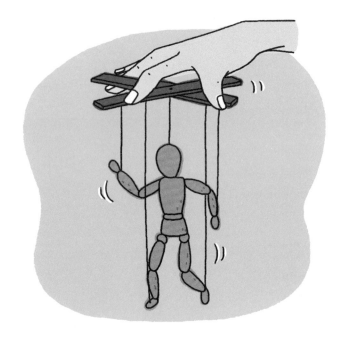

머릿속으로(in one's head) 이동하는(get) 이미지에서 머리를 마음대로 조종하는 이미지로 의미가 확장된다.

머릿속으로 이동하다 ▶ 머리를 조종하다 ▶ 마음대로 휘두르다

⭐ 학습하기

1

Coworker 1 Though I wish to but I don't think that I will apply for the new internal position.

Coworker 2 Why not? You are ready for a promotion.

Coworker 1 Well, yesterday I was talking to Peter and he reminded me of some particular skills that I don't have. Maybe I am just not ready yet.

Coworker 2 Don't let Peter get in your head. You are more than qualified for the position.

동료 1 하고 싶긴 하지만, 나 그 새로운 사내 일자리에 지원하지 않을 것 같아.

동료 2 왜 안 해? 넌 승진할 준비가 되어 있는데.

동료 1 흠, 어제 피터와 이야기해 봤는데 (직무에 필요한) 해당 경력이 내가 없다는 점을 알려 줬거든. 아마도 난 아직 준비가 덜 됐나 봐.

동료 2 피터가 널 휘두르게 하지 마. 넌 그 직무에 누구보다 자격을 갖추고 있다고.

2

Friend 1 James is not playing poker with us tonight. His new girlfriend thinks that we have a bad influence on James.

Friend 2 But we are his best friends. We've known each other since grade school. We are all regular, hard-working people.

Friend 1 I think James's girlfriend must have got in his head and planted some bad ideas.

친구 1 오늘 밤 제임스는 우리랑 포커를 하지 않을 거야. 제임스의 새 여자 친구가 우리가 제임스한테 안 좋은 영향을 끼친다고 생각하거든.

친구 2 하지만 우린 베스트 프렌드잖아. 초등학교 시절부터 알았다고. 우리 다 평범하고 일도 열심히 하는 사람들인데.

친구 1 제임스의 여자 친구가 걔를 조종하고 나쁜 생각들을 심어 넣은 것 같아.

1

Woman 1   I'm a bit worried about my son.

Woman 2   What's happened?

Woman 1   He looks a lot like his father. They are both overweight. So I'm worried about their health.

Woman 2   Well, don't worry too much. You're very thin so your son must be a chip off the old block.

2

- It seems to me that like you are a chip off the old block.

- In many ways, Glen is a chip off the old block. They're so much similar.

- Hilariously Peter's new moves are a chip off the old block.

- You are so much like your father, a real chip off the old block.

- David is a chip off the old block. He is a lawyer just like his father.

3 Coworker 1 Though I wish to but I don't think that I will apply for the new internal position.

Coworker 2 Why not? You are ready for a promotion.

Coworker 1 Well, yesterday I was talking to Peter and he reminded me of some particular skills that I don't have. Maybe I am just not ready yet.

Coworker 2 Don't let Peter get in your head. You are more than qualified for the position.

4 Friend 1 James is not playing poker with us tonight. His new girlfriend thinks that we have a bad influence on James.

Friend 2 But we are his best friends. We've known each other since grade school. We are all regular, hard-working people.

Friend 1 I think James's girlfriend must have got in his head and planted some bad ideas.

hang in there
버티다

그곳에(in there) 매달리라는(hang) 것은 떨어지지 말라는 것이고, 이는 곧 '버 텨라'를 의미한다.

그곳에 매달려라 ▶ 떨어지지 마라 ▶ 버텨라

☆ 학습하기

1

Boss How are the negotiations going?

Saff We have been negotiating more than ten hours a day for over a week now. It's exhausting.

Boss Hang in there and you will meet with success.

Staff That's the plan, persevere until we win.

상사 협상 어떻게 돼 가고 있지?

부하 현재 1주일 넘게 하루에 10시간 이상 협상 중입니다. 정말 힘드네요.

상사 버텨 봐. 그러면 성공하게 될 거야.

부하 그럴 계획입니다. 쟁취할 때까지 인내하는 거죠.

*persevere: 인내심을 가지고 하다

2

Dad How are things between you and your wife?

Son We've been fighting a lot for several months till now. I'm getting worried about my marriage.

Dad Fighting is part of a marriage life. If you keep working on it and don't give up, things will get better.

Son Thanks Dad. Hopefully I can stand for it.

Dad Good attitude, son. Hang in there!

아빠 너희 부부는 어떻게 지내니?

아들 요즘 몇 달 동안 여러 번 부부 싸움을 했어요. 제 결혼 생활이 염려될 정도예요.

아빠 부부 싸움은 결혼 생활의 일부란다. 정성을 들이고 포기하지 않는다면, 모든 일이 더 잘 풀릴 거야.

아들 감사해요, 아빠. 이 상황을 견뎌 볼게요.

아빠 좋은 태도구나, 아들아. 버텨 보자고!

*stand: 역경에도 굴하지 않고 꿋꿋이 서 있다 → 견디다

over my head
어렵다

머리를 넘어서는 이미지에서 '과부하' 혹은 '어렵다'의 의미를 유추할 수 있다.

머리를 넘어서다 ▶ 과부하 ▶ 어렵다

☑ 학습하기

1 Wife   Can you please help Peter with his Chemistry homework? It's too complex for me. I've no clue.

Husband   I can try but I think the problem will be over my head as well.

아내   피터의 화학 숙제를 도와줄 수 있어요? 문제들이 나한테는 너무 어려워요. 하나도 모르겠어요.

남편   시도는 해 보겠지만, 그 문제들은 나한테도 똑같이 어려울 것 같아요.

2 Student 1 What do you think of the new professor?

Student 2 His teaching style is way over my head.
I can't understand what he's talking about.

학생 1 새로 오신 교수님에 대해서 어떻게 생각해?
학생 2 교수법이 너무 어려우셔. 무슨 얘기를 하시는지 이해를 못 하겠더라고.

3 ■ This physics problem goes over my head.
이 물리학은 나에게는 너무 어려워.

■ It drives me mad. The math is over my head.
정말 미치겠다. 수학은 너무 어려워.

■ This is way over my head. Can you explain it in a simpler way?
이건 너무 어려워. 좀 더 간단히 설명해 줄 수 있어?

■ I have no idea what to tell you. It is over my head.
너에게 뭐라 말해야 할지 모르겠어. 너무 어렵다.

107

1 **Boss** How are the negotiations going?

Saff We have been negotiating more than ten hours a day for over a week now. It's exhausting.

Boss Hang in there and you will meet with success.

Saff That's the plan, persevere until we win.

2 **Dad** How are things between you and your wife?

Son We've been fighting a lot for several months till now. I'm getting worried about my marriage.

Dad Fighting is part of a marriage life. If you keep working on it and don't give up, things will get better.

Son Thanks Dad. Hopefully I can stand for it.

Dad Good attitude, son. Hang in there!

3 **Wife**   Can you please help Peter with his Chemistry homework? It's too complex for me. I've no clue.

Husband I can try but I think the problem will be over my head as well.

4 **Student 1** What do you think of the new professor?

Student 2 His teaching style is way over my head.
I can't understand what he's talking about.

5 ■ This physics problem goes over my head.

■ It drives me mad. The math is over my head.

■ This is way over my head. Can you explain it in a simpler way?

■ I have no idea what to tell you. It is over my head.

let

놓아두다, 허락하다, 허용하다

못 가는 상태에 있던 뭔가를 '탁~' 하고 가도록 두는 이미지.

놓아주다 ▶ 내버려 두다 ▶ 허락하다, 허용하다

⭐ 학습하기

● **Let it be**

그것을(it) 있던 상태(be) 그대로 두어라(let) → 그대로 둬 (있던 대로 둬)
▶ 가만히 있던 그것을 그 상태 그대로 두라는 이미지

♫ 비틀즈의 노래 〈Let it be〉 가사 中

When I find myself in times of trouble
내가 시련의 나날을 보내고 있을 때

Mother Mary comes to me
어머니께서 나에게 다가와

Speaking words of wisdom
지혜의 말씀을 해 주셨어요

Let it be
(그 시련) 그냥 내버려 두라고
▶ be의 사전적 의미는 '있다, 이다'로 '존재, 상태'를 나타낸다.
즉 '(~ 상태로) 존재하다'라는 의미다.

● **Let it go**

그것을(it) 가던 상태(go) 그대로 두어라(let) → 그대로 둬 (가던 대로 둬)
▶ 흘러가는 대로 두라는 이미지

♫ 〈겨울왕국〉의 주제곡 〈Let it go〉 가사 中

Don't let them know
이제 사람들이 (내 힘을) 알게 될 거야

Now they know
사람들이 (힘을) 알게 하지 마

Let it go
가도록 내버려 둬
▶ (꽁꽁 숨겨 왔던 내 힘을) 이제는 흐르는 대로 내버려 두겠다.

Chapter 4
speaking

한컷
스피킹

영어를 학습하는 최종 목표는 스피킹이다. 하지만 스피킹은 단순히 수천 개의 문장을 암기한다고 해서 도달할 수 있는 것이 아니다. 원서 읽기 등 다양한 방법으로 영어에 노출되어 인풋을 쌓는 과정을 통해 영어 자체의 감을 잡고, 그 과정에서 자신의 의사를 마음대로 표현할 수 있게 만들어야 한다. 앞장에서 텍스트를 통해 영어 문장을 이해할 수 있도록 만들었으니 이번에는 소리를 극복할 차례다. 이 소리는 단순히 글로 설명할 수 있는 부분이 아니기 때문에 스스로 연습할 수 있는 방법을 제시하겠다.

1단계!
'발음'으로 시작

영어식 소리에 익숙해지자

단순히 문장을 반복해서 듣는 것은 제대로 된 듣기 연습이 아니다. 그건 다양한 듣기 연습의 극히 일부일 뿐이다. 사실상 가장 먼저 해야 할 것은 바로 '발음'이다. 내가 발음할 수 있어야 들을 수 있다는 것은 자명한 사실이다. 그래서 스피킹의 첫 순서로 바로 영어 발음을 배치한 것이다. 또한 정확히 발음해야 원어민이 내가 내뱉은 말을 제대로 이해할 수 있다.

영어 발음은 발음만이 아니라 영어식 발성과도 맞닿아 있다. 국어는 성대를 이용해서 대부분의 소리를 낸다. 하지만 영어는 성대가 울리는 '유성음'과 성대가 울리지 않은 '무성음', 코를 활용한 '비성', 배의 힘을 활용한 '복성'이 있다.

유성음	무성음	비성	복성
/b/, /d/, /g/, /v/, /ð/, /z/, /ʒ/, /L/	/p/, /t/, /k/, /f/, /θ/, /s/, /ʃ/, /tʃ/, /h/	/N/, /M/, /ŋ/	/R/

이후부터 언급할 발음 부분은 아이오아 대학에서 만든 무료 웹사이트를 참고했다. 해당 웹사이트를 이용해 혼자 발음 연습하는 방법을 알려주겠다. 휴대 전화(안드로이드, 애플) 앱으로도 저렴하게 이용할 수 있다.

- **웹사이트** http://soundsofspeech.uiowa.edu/
- **앱** 'Sounds of Speech' 검색

유성음과 무성음

아래 사진의 Voiceless 측이 '무성음'이고, Voiced 측이 '유성음'이다. 각각의 발음기호를 클릭하면 발음과 발성을 내는 방법을 영상으로 확인할 수 있다. 한국인이 특히 취약한 발성이 무성음이니 개별 발음기호를

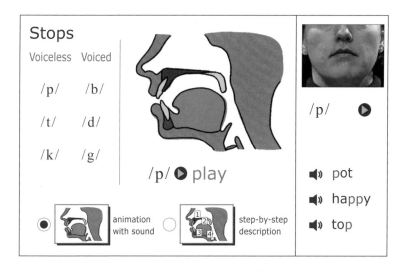

먼저 연습하고 이후에 그 기호들이 속해 있는 단어들을 연습해 보자.

같은 위치의 무성음과 유성음은 입 모양과 혀 위치는 같고 발성만 다른 것이다. 예를 들어 /p/는 /b/와 입 모양과 혀 위치가 같은 상태에서 발성만 무성음이나 유성음으로 달라지는 것이다. 그러므로 목에 가볍게 손을 얹고 연습해 보자. 발음 연습을 할 때 무성음에서는 성대에 떨림이 없고, 유성음에서는 성대에 떨림이 있다. 개별 발음기호를 먼저 연습하고 나서 어휘를 연습하는 게 좋다. 하루에 30번씩 2개월간 진행하면 스스로 변화가 느껴질 것이다.

비성

비성은 발음할 때는 코에서 떨림이 있어야 한다. 영상을 보면서 연습할 때 손을 코에 가볍게 얹고 발음을 연습하자. 이때 코의 떨림이 느껴진다면 성공이다. 비성도 마찬가지로 발음기호를 먼저 연습하고 나서 단어를 연습하자.

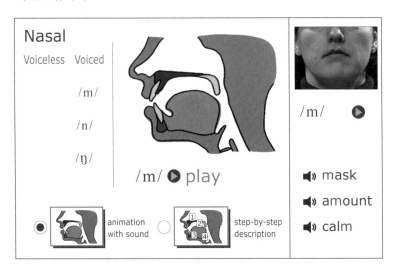

L과 R 발음

L과 R 발음이 어려운 이유는 'ㄹ' 발음과 헷갈리기 때문이다. 지금 바로 '라면'을 발음해 보자. '라' 발음 시 입천장의 중간 앞부분에 혀가 붙는 것을 느낄 수 있을 것이다. 하지만 L 발음은 윗니와 입천장이 맞닿는 부분에 혀가 위치한다. 다음 사진에서 살펴보자.

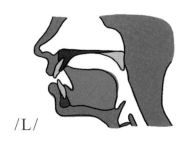

/L/

그림에서 보이는 윗니와 입천장이 맞닿는 곳의 혀 위치를 신경 쓰면서 발음을 연습하면 된다. 이 혀 위치만 익숙해지면 L 발음은 생각보다 어렵지 않다.

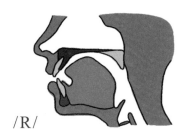

/R/

R 발음(복성)은 아래처럼 혀가 입천장에 맞닿지 않는다. 그렇다고 우리가 흔히 아는 것처럼 혀끝을 안쪽으로 말지도 않는다. 그림은 단면이라 혀 위치를 정확하게 이해할 수 없지만 한국어로 '애 ~'라고 길게 발음해

보자. 그게 바로 R 발음의 혀 위치에 가장 가깝다. 혀의 좌우 끝이 윗니의 양옆에 살짝 닿는 느낌이 든다면 정확하다. 대신 R 발음을 할 때는 배에 힘이 들어가야 한다. 우리는 단 한 번도 배에 힘을 주면서 발음을 해 본 적이 없다. 그러다 보니 R 발음의 혀 위치를 알게 되더라도 제대로 발음하기 어려웠던 것이다. 한번 R 발음을 하기 전에 "으 ~"를 붙여서 "으 ~ Ra", "으 ~ Ro", "으 ~ Ru"와 같은 방식으로 발음해 보자. 혀 위치를 먼저 연습하고 난 뒤에 익숙해지면 "으 ~"를 붙여 발음 연습을 해 보자.

2단계!
'듣기'로 굳히기

아는 만큼 들린다

영어 듣기: 발음 연습을 통한 소리 구별 + 직독직해로 문장 이해

영어식 소리(발음)가 익숙해졌고 원서 읽기를 통해서 문장을 이해할 수 있는 힘을 길렀다면, 이 둘을 합쳐서 실전 듣기 연습을 해야 할 시점이 왔다. 기존에는 앞서 소개한 방법들을 다 제외하고 무턱대고 반복 듣기만을 해 온 학습자가 대부분이었을 것이다. 미드를 여러 번 반복해서 본들 읽어서도 이해할 수 없는 문장들을 들어 봐야 들리지 않는 것은 너무나 당연하다. 그건 단순히 소리가 들리는지 들리지 않는지 청각 테스트를 한 것이나 다름없다. 지금부터 진짜 듣기 연습을 위한 방법을 알려 주겠다.

딕테이션^{dictation}

- 본인의 수준에 맞는 콘텐츠를 선택한다.

  (초보는《Magic Tree House》시리즈 MP3 추천)

- 문장별로 10회 이내로 반복해서 들으며 받아 적는다.

- 들리는 대로 한글로라도 적고, 모르겠으면 건너뛴다.

- 틀린 부분을 표시하고, 그 부분을 집중적으로 듣고 따라 한다.

  딕테이션의 목적은 모르는 부분을 확인하고, 반복적으로 노출되기 위함이다. 무조건 그날 정한 분량을 끝내려 하지 말고 어느 정도 반복하다가 안 되면 넘어가라. 연습하다 보면 점차 잘 들리게 될 것이다.

반복 듣기 & 섀도잉^{shadowing}

- 딕테이션을 한 콘텐츠를 평상시에 이어폰을 귀에 꽂고 다니면서 반복해서 듣는다.

- 가령, 원서를 듣는다면 1권을 반복한다. 2권을 학습할 때는 1권과 2권을 반복한다. 이렇게 누적되는 것이다. 반복할 콘텐츠가 너무 많아지면 그때는 1권부터 순서대로 탈락시킨다.

- 이때 들은 내용을 동시에 입으로 따라 말하는 섀도잉을 한다.

- 섀도잉을 할 때는 발음도 신경 써야 한다.

- 학습할 콘텐츠는 점차 난도를 높여 최종적으로 미드나 뉴스까지 진행한다. 처음부터 미드나 영화로 접근하면 수준에 맞지 않아 실패 확률 99%!

발음 연습을 하게 되면 처음에 소리의 음가를 투박하게나마 구분할 수 있게 된다. 그렇게 개별 음가에 대한 구분이 가능해지면 더 잘 들리게 되고, 더 잘 들리다 보니 음가 구분이 점차 더 명확해진다. 그것이 선순환되어 점차 듣기가 잘 되는 것이다. 그 상태에서 난이도를 높이게 되고 영어 듣기 수준도 따라서 오르게 되는 것이다.

3단계!
'스피킹'으로 끝내기

스피킹은 수천 문장을 암기한 뒤에 상황에 맞춰 외운 문장을 말하는 과정이 아니다. 패턴 영어나 미드 영어처럼 배운 영어 문장을 어떤 동일한 상황에서 똑같이 말할 경우는 사실상 1%도 안 된다. 그 1%라고 해 봐야 인사말이나 안부를 묻는 정도 외에 대부분은 내가 하고 싶은 문장을 만들어서 사용하는 것이다. 최근에 친구와 대화 나눈 것을 상상해 보자. 만약 외국인이 한국어를 공부한다고 가정하면 그 대화 중 단 한 문장이라도 어떤 학습용 책을 통해서 외워서 사용할 만한 것이 있었을까?

결국 스피킹은 외운 문장을 앵무새처럼 말하는 것이 아니라 내가 하고 싶은 문장을 상대방이 알아들을 수 있도록 만들어서 내뱉는 과정이다. 이것을 학습하기 위해서는 무턱대고 문법을 공부한다고, 문장을 암기한다고 되는 것이 아니다. 지금부터 실전 스피킹 연습법을 알려 주겠다.

원서를 통한 스피킹 연습

- 그날 읽은 영어 원서의 줄거리를 영어로 적는다.

- 내용을 보지 않고 적은 내용을 친구에게 알려 준다고 생각하고 입으로 말해 본다.

- 이때 적은 내용과 달라도 좋다. 적으면서 어느 정도 내용이 기억이 나기에 스피킹에 대한 부담이 많이 줄어든다.

- 익숙해지면 적는 과정 없이 바로 입으로 말할 수 있게 된다.

- 이때 콘텐츠는 원서/애니매이션/미드/뉴스 그 어느 것이든 본인의 수준에 맞는다면 다 좋다.

비즈니스 스피킹 연습

당장 실무에서 영어를 활용해야 하는 사람들을 위한 연습법이다. 그렇더라도 앞서 언급했던 학습 과정은 모두 거쳐야 한다.

- 외국인에게 자주 받는 질문을 적어 본다.

- 질문에 대한 모범 답변을 영어로 직접 적는다. 이때 문법적인 오류보다는 내용의 충실성이 더 중요하다. 또한 남이 아닌 본인이 스스로 적어야 한다.

- 본인이 적은 답변들을 평상시에 보지 않고 말하는 연습을 한다.

- 이때 문장을 똑같이 말하는 것이 아니라 표현하고자 하는 내용이 다 담길 수 있도록 말해야 한다.

- 이 연습 과정을 거치면 비로소 외국인이 질문했을 때 자신 있게

답변할 수 있게 된다. (영어 면접도 같은 방식으로 연습할 수 있다.)

그동안 우리는 문법적인 오류만을 신경 쓰다 보니 정작 입으로 내뱉기 전에 스스로 문장 검열을 하느라 말문이 막혔다. 또한 정확한 문장을 구사해야 한다는 압박감에 자신감을 잃곤 했었다. 이제는 문법의 맞고 틀림에 신경 쓰기보다는 하고자 하는 말의 내용이 충실히 전달되는지에만 신경 써라. 그 과정을 거치다 보면 문법도 저절로 교정 과정을 거치게 된다. 그러다가 실제 문장 교정은 나중에 필요하다.

앞서 언급한 '읽기, 쓰기, 발음, 듣기, 말하기'는 각기 개별적으로 진행해야 할 대상이 아니다. 처음에는 텍스트(읽기, 쓰기) 위주로 진행하다가 점차 소리(발음, 듣기, 말하기) 부문을 강화하는 것이 언어 학습 순서상 자연스럽다. 이 책에서 언급하는 방식은 영어뿐만 아니라 다른 언어를 학습할 때도 동일하게 적용된다. 실제로 영어와 중국어, 혹은 영어와 일본어를 동시에 학습하는 수강생들도 있었는데 '한 컷 영어'를 통해서 다른 언어를 학습하는 것에도 응용이 된다는 사례도 있었다.

유성음	무성음	유사 발음	발음 방법
/b/	/p/	/b/: 브 /p/: 프	윗입술과 아랫입술을 붙였다 떼면서 발음.
/d/	/t/	/d/: 드 /t/: 트	윗 치아와 입천장 사이에 혀끝을 위치시켰다가 아래로 떨어뜨리면서 발음.
/g/	/k/	/g/: 그 /k/: 크	입을 벌린 채 혀 안쪽이 올라가며 입천장의 안쪽에 닿으면서 발음.
/v/	/f/	/v/: 브 /f/: 프	윗 치아로 아랫입술을 살짝 문 상태에서 바람을 내보내며 발음.
/ð/	/θ/	/ð/: 드 /θ/: 쓰	치아 사이로 혀의 날을 고루 들면서 발음.
/z/	/s/	/z/: 즈 /s/: 스	입꼬리를 양쪽으로 늘어뜨리며 발음.
/ʒ/	/ʃ/ /tʃ/	/ʒ/: 쥐 /ʃ/: 쉬 /tʃ/: 취아	입술을 오므리며 발음.
	/h/	/h/: 하	'아'를 약간 적게 벌린 입모양으로 발음.
/L/		/L/: ㄹ	윗 치아와 입천장 사이에 혀끝을 위치시키면서 발음.
/R/		/R/: ㄹ	'애'와 같은 혀 위치에서 배에 순간적으로 힘주며 발음. ＊앞에 '으'를 붙여서 발음하면 좀 더 쉬움. 　 Right은 [(으)라잍]으로 발음.
/m/		/m/: 음	윗입술과 아랫입술을 앙다물고 발음. 비음으로 코에 손을 올리고 발음할 때 진동이 느껴져야 함.
/n/		/n/: 은	윗 치아와 입천장의 사이에 혀끝을 위치시키면서 발음. 비음으로 코에 손을 올리고 발음할 때 진동이 느껴져야 함.
/ŋ/		/ŋ/: 엉	입을 벌린 채 혀 안쪽이 올라가며 입천장의 안쪽에 닿으면서 발음. 비음으로 코에 손을 올리고 발음할 때 진동이 느껴져야 함.

Chapter 5

my story

내가
걸어온 흙길

학창 시절 공부보다 친구들과 어울리는 데 정신이 팔려 있었다. 자연스레 영어도 관심 밖이었다. 대학을 위해 목숨 걸고 공부하면서 매번 오르던 다른 과목들과는 다르게 영어만큼은 쉽사리 정복되지 않았다. 오랜 세월 마음속에 품고만 있던 영어 정복을 위해 직장 생활 중 기나긴 여정을 시작하게 된다.

영어? 그게 뭔데?

공부와는 거리가 멀었던 나

중학생 시절 부모님은 나에게 공부에 대한 스트레스를 준 적이 없었다. 나는 자연스레 공부와는 담을 쌓았고 친구들을 만나는 데 정신이 팔려 있었다. 물론 영어도 관심 밖이었다. 한번은 중학교 수업 시간에 It's me.라는 표현을 배웠다. 그 발음이 반 친구의 이름인 '이충민'과 비슷하다고 생각했다. 그래서 한동안 그 친구를 '이충민' 대신 It's me.라 불렀다. 그게 내가 중학교 때 외운 유일한 영어 문장이다.

중3 때 같은 반에 영어를 잘하던 친구가 있었다. 그 친구에게 영어를 잘하는 비결을 물었더니 친구가 말했다.

"그냥 교과서를 통째로 외우면 돼."

알고 보니 그 친구는 영어를 잘하는 게 아니라 그저 교과서를 줄줄 외워서 시험에서 100점을 맞았던 것이었다. 그 비결을 들은 나는 따르지 않았다. 왜냐하면 이해를 바탕으로 하지 않는 맹목적인 암기는 자신 없었기 때문이다. 게다가 학업 성적에도 별 관심이 없던 시절이었다.

선덕고에 진학하게 되었다. 과거 서울 강북 지역에서는 매년 SKY대 합격자를 다수 배출하는 곳이었다. 지역의 집값 상승을 가져올 정도의 명문 학교였다. 하지만 이런 좋은 환경에서도 나는 여전히 친구들과 어울려 시간 보내기에 바빴다. 그 덕분에 고2 때까지 성적은 바닥이었다. 52명 중 40등이었다. 그때도 어머니는 항상 "너는 중하위권이야."라고 말씀해 주셨다. 어머니는 무엇이든 긍정적으로 보는 능력을 갖고 계셨다. 나중에 들은 얘기지만 한 친구 어머니는 나 때문에 본인의 자녀가 공부를 안 하는 것 같으니 자신의 자식과 거리를 두었으면 한다고 어머니에게 말씀하신 적도 있다고 한다.

귀에 딱지가 앉을 정도로 영어를 듣다

고2 겨울방학이 되면서 마음이 급해졌다. 당시에 같이 어울리던 친구들 대부분은 공고생이어서 대학이 아닌 취업이 목표였지만 나는 달랐기 때문이다. 당시 혼자서 이런 생각을 했다. '친구들은 취업해서 돈 벌면 되는데 나는 당장 졸업하면 뭘 해야 하지?' 인생에 뚜렷한 목표가 없었기에 공부 외엔 선택의 여지가 없었다. 그래서 삶의 목표를 정할 시간을 벌고자 대입 시험에 집중하기로 마음먹었다. 당시 대학교와 군대까지 7년간 시간을 벌면 뭔가 목표가 생길 것이라고 믿었다.

이때부터 나 자신과의 싸움이 시작됐다. 밥 먹는 시간조차 아까워 책을 펼쳐 놓고 식사를 했다. 기초가 부족했기에 수업 시간에는 진도를 따라갈 수 없었다. 그래서 학교에서 수학 시간에는 수학 학습지를, 영어 시간에는《우선순위 영단어》를 외우기 시작했다. 나는 일단 마음먹으면 끝을 보는 성격이었다. 고3 때 나의 그런 성향이 처음으로 나타났다. 단 한 순간도 한눈팔지 않고 종일 책상에 붙어서 목숨 걸고 공부했다. 그 결과 모의 수능이든 내신이든 시험을 볼 때마다 성적이 수직 상승했다.

이 시기에 친구들도 멀리하고 두문불출하며 새벽까지 공부했다. 40등대였던 내 성적은 3학년 2학기에는 상위권까지 올랐다. 하지만 영어 듣기가 문제였다. 학습 방법도 몰랐지만, 당시 영어를 계속 듣다 보면 언젠가는 들리게 될 거라고 막연하게 생각했다. 그래서 등하교 시간에 매일 1시간씩 귀에 딱지가 앉을 정도로 이어폰을 꽂고 수능 영어 듣기 테이프를 반복해서 들었다. 생각보다 잘 되질 않아 소리 문제인가 싶어 소리도 키워 보고 입으로 중얼거리며 따라도 해 봤다. 그렇게 거의 1년을 반복했고, 드디어 수능 날이 다가왔다. 그리고 난 영어 듣기에서 0점을 받았다.

발점수에 좌절하다

광운대 환경공학과에 입학했다. 1학년 때 후회 없이 놀고서 군대를 다녀오게 되었다. 제대 후 고등학교 때 한으로 남아 있던 영어 공부를 하려고 지역의 한 유명 어학원에 등록했다. 수준별 테스트 후 원어민 선생님이 배정되었다. 수업 30분 전에 교재로 먼저 자습한 뒤 본 수업 시간에 원어민 선생님이 대화를 이끌어 가면서 자유롭게 대화를 나누는 방식의 어학원이었다. 그러나 첫날부터 문제가 생겼다. 분명히 가장 낮은 레벨의 수업이었는데 원어민 선생님의 이야기를 전혀 이해하지 못했다. 다른 수강생들은 한마디씩이라도 건네는데 정작 나의 귀와 입은 지퍼를 채운 것처럼 굳게 닫혀 버렸다.

특히, 수업의 끝에 선생님이 내준 숙제를 이해하지 못해서 옆 사람에게 물어볼 때 나의 창피함은 극에 달했다. 같이 수업을 듣던 다른 학생들도 수업에는 거의 대화에 참여하지 못할 정도로 영어 수준이 낮았다. 그런데 나는 숙제를 알아들을 수준조차도 되지 않았다. 결국 다닌 지 한 달도 되지 않아 학원을 그만뒀다. 그때 지금의 내 영어 이름인 '스티븐'을 만들었지만, 그 누구도 나를 스티븐이라 불러 주는 사람이 없었다. 대화에 단 한 순간도 참여한 적이 없었기 때문이다.

대학교 2학년이 되었다. 어느 날, 학교에서 모의 토익 시험을 본다고 했다. 시험장으로 향하는 발걸음은 가벼웠다. 왜냐하면 당시 토익이 뭔지도 몰랐었고, 고3 때 영어를 열심히 공부하기도 했으니 실전 영어는 몰라도 영어시험 점수는 잘 나올 거로 생각했다. 교실에 도착해 시험지를 받았는데 깜짝 놀랐다. 사실상 나는 영어 까막눈이었던 것이다. 원래 못했던 듣기는 둘째치고 읽는 것조차 버거웠다.

얼마 후 토익 점수가 나왔다. 290점!

Oh My God! 참고로 나의 발 크기는 265mm다. 한 선배가 토익 시험을 처음 보면 발 사이즈 정도 나올 거라고 얘기했는데 정말로 그런 점수가 나올 줄은 몰랐다. 그 충격으로 당장 학원에 등록해야 했으나, 천생 흙수저였던 나는 학원비를 벌기 위해 아르바이트 전선에 먼저 뛰어들었다. 막노동부터 시작해서 엑스트라, 식당, 당구장, PC방 등 안 해 본 일이 없었다.

그렇게 몇 개월간 힘들게 모은 돈을 토익 학원에 갖다 바쳤지만, 이렇다 할 변화는 없었다. 고3 때 하던 것처럼 도서관에 틀어박혀 하루에 6시간 이상을 토익 공부에 매진했다. 그렇게 1년 넘게 죽어라 공부한 뒤에 토익 시험을 보는 대신 기사 자격증을 따기로 마음먹었다. 이공계였기에 토익 점수보다는 자격증이 더 중요했기 때문이다. 물론 그건 영어에서 도망치기 위한 자기 합리화이기도 했다. 그러고는 당당히(?) 자격증 2개를 취득해 극동건설에서 첫 직장 생활을 시작했다.

직장 생활에 쩔다

2006년 여름, 취업 시장이 좋지 않았다. 운 좋게도 당시 웅진그룹 계열인 극동건설에 입사하게 되었다. 내가 속해 있던 사업 부문은 해외사업장이 없었다. 그 덕에 영어에 대한 별다른 스트레스 없이 직장 생활을 시작했다. 회사의 지원이 있어 종로에 있는 어학원의 문을 두드려 보기도 했다. 하지만 그다지 영어 공부의 필요성을 느끼지 못하고 있었기에 두 달을 넘기지 못하고 그만두기 일쑤였다. 이후 전국 현장을 누비며 첫 직장 생활을 만끽했다. 취업의 기쁨도 잠시였다. 연일 계속되는 야근과 주말 근무로 자기계발은커녕 파김치가 되어 하루하루 근근이 버티면서 살아가게 되었다.

그로부터 4년이 흘렀다. 직장 내에서 인정을 받아 당시 매스컴에서 핑크빛 전망 일색이던 태양광 부문의 웅진폴리실리콘으로 계열사 전출을 가게 되었다. 앞으로 지방에서 살아야 한다는 부담이 있었다. 하지만 그룹 차원에서 전폭적으로 밀어주는 회사였기에 일말의 의심도 없이 경북 상주로 향했다. 이직 당시 한창 공장을 건설 중이었다. 몇 달 뒤 준공을 했고, 공장을 가동하면서 크고 작은 사건이 발생했다. 이를 해결하기 위해 심할 때는 두 달간 하루도 빼놓지 않고 출근했다. 밝은 미래를 생각하며 누구보다도 열심히 업무에 빠져들었다. 희망은 오래지 않아 절망으로 물들어 갔다. 왜냐하면 당시 매스컴에서 아래와 같은 제목의 기사가 하루가 멀다 하고 쏟아졌기 때문이다.

"중국발 치킨게임으로 폴리실리콘 단가 연일 폭락."

거센 파고를 넘지 못하고 1조 원 이상 투자되었던 공장은 내가 입사한 지 2년 만에 문을 닫았다. 자연스레 회사를 나와야 했다. 웅진그룹에서 6년을 보낸 뒤 중소 환경엔지니어링 회사로 오게 됐다. 그동안 야근과 주말 근무를 밥 먹듯이 하다 칼퇴근을 하고, 주말 근무가 없는 회사에 다니게 된 것이다. 처음에는 5시 30분이 되자마자 약속이나 한 듯 한꺼번에 퇴근하는 직원들의 모습이 낯설었다. 게다가 일요일뿐만 아니라 토요일에도 쉰다는 사실이 문화적인 충격으로 다가왔다. 매 주말이 휴가 같은 기분이었다. 그래서 이 기회를 활용해 보기로 했다.

'미드'로도 안 될 땐?

야심차게 시작한 영어 공부, 하지만……

당시 33세였다. 지방에서 전전긍긍하다가 서울로 복귀했다는 안정감과 달콤한 칼퇴근이 있었지만, 연봉은 반 토막이 났다. 개인 시간이 많이 남기 때문에 할 수 있는 것들이 늘어났지만 정작 돈이 없어서 아무것도 할 수 없게 된 것이다. 그래서 다시 대기업으로 돌아가기 위해 영어를 공부하기로 했다.

무엇을 어디서부터 해야 할지 갈피를 잡지 못했다. 영어 학습법을 알아보다가 미드를 통해서 영어를 배우기로 선택했다. 이전엔 항상 책을 기준으로 영어를 학습했는데 재미있는 미드를 통해 영상과 함께 공부한다는 것이 신선하게 다가왔다. 영어를 학습하면서 콘텐츠는 즐거웠다. 그러나 기초가 너무 없었다. 약 5분 분량의 미드를 1시간 동안 공부하고 그 내용을 온종일 반복했는데 그 과정에서 스트레스가 극심했다. 알지도 못하는 내용을 억지로 한글로 매칭한 뒤 소리와 결합해 반복한다는 것이 너무나 고통스러웠다. 이제는 도망갈 곳이 없다는 절박함이 있었기에 암흑 속에서 1년 넘는 시간 동안 하루 4시간 이상 영어 공부에 매진했다. 이 시기에 아내가 임신한 상태였는데 나는 미친놈처럼 항상 한쪽 귀에 이어폰을 꽂고 다녔다. 그러면서 외국인들과도 온·오프라인에서 꾸준히 교류하였다.

딸아이가 태어나면서 이름을 '나린'이라고 지었다. 영어로는 Narin이었는데 이름에 R 사운드가 들어가는 것은 R 발음을 연습하기 위한 목적이 있었다. 그래서 아이가 돌이 될 때까지는 일 년간 발음 연습을 위해서 항상 영어로 Narin이라 불렀다. 집에서뿐만 아니라 길거리에서도 불렀고, 심지어 처가에 친척들이 있을 때도 그렇게 불렀다. 처음에는 나를 독특하게 쳐다보던 가족들도 3개월이 지난 뒤부터는 그냥 그러려니 하고 여겼다. 그 과정에서 발음이 변화되고 있다는 것을 주변에서 먼저 말해줘서 알게 되었다.

이 무렵 딸아이 저녁 목욕은 내 담당이었다. 한창 발음 연습에 심취해 있었기 때문에 〈Twinkle Twinkle Little Star〉 등 영어 동요를 틀어놓고 항상 따라 불러 주었다. 영어 동요를 부른 이유는 사실 아이와 상관없이 순전히 내 발음을 연습하기 위함이었다. 그렇게 1년 넘도록 지속했다. 아이가 23개월 되었을 때였다. 장모님께서 딸아이를 데리고 버스에 탔는데 딸아이가 혼자서 노래를 흥얼거렸다고 했다. 분명 아는 리듬의 노래

인데 무슨 말인지 도통 몰랐다고 했다. 그때 뒷좌석에 있던 외국인들이 손뼉을 치면서 엄지손가락을 치켜들었다고 했다. 그제야 장모님도 아이가 영어 동요를 불렀다는 사실을 알게 되었고 신기해했다. 그때 불렀던 노래가 〈Twinkle Twinkle Little Star〉였다. 아래 QR코드에서 딸아이가 25개월 때 이 노래를 부르는 영상을 볼 수 있다.

이 무렵 나는 잘 때도 이어폰을 꽂고 있었다. 그렇게 영어홀릭 상태로 지내다 보니 아내가 내가 영어로 잠꼬대도 한다고 말했다. 정확하게 무슨 말을 하는지는 모르지만, 영어로 말한다는 것은 분명하다 했다. 영어가 조금씩 편하게 느껴지던 때가 바로 그 시기 즈음이었다. 이때부터는 영어가 영어 그 자체로 이해되기도 하고, 한글로 고민하지 않고 영어로 내뱉는 경우도 부쩍 늘게 되었다. 하지만 영어에 대한 무언지 모를 갈증이 속에서 자라나고 있었다.

나는 영문법을 모르는 상태에서 무턱대고 미드를 반복해서 보고 따라 하면서 영어를 습득했다. 미드 학습법을 통해서 영어를 했으니 이 책의 독자들도 똑같이 하면 누구나 될 수 있다고 쉽게 말할 수도 있다. 이미 내가 학습한 방법과 비슷한 부류의 성공 사례들도 넘쳐나고, 다양한 강의와 책으로 이런 방식의 학습법이 10년 이상 관심을 받아 왔다. 무조건 영어 문장을 소리 내어 따라 해 보라거나, 똑같은 미드를 수십 번 돌려 보라는 등의 학습법들이 바로 그것이다. 하지만 나는 엔지니어로서 가능 유무보다는 가능 확률을 중요하게 생각한다.

그래서 내가 해 온 과정을 자세히 담은 것이다. 그건 보통의 성인이 할 수 없는 수준의 노력이었다. 알지도 못하는 내용을 하루 평균 4시간 이상, 1년 넘게 지속할 수 있는 성인이 과연 몇 명이나 될까? 노력은 가능하다 해도 시간적으로 힘들다. 그래서 이 시기에 사람들이 어떻게 해야 영어를 잘할 수 있는지 물으면 '영어는 안 하는 게 낫다'라고 말해 주었다. 하면 되는 것은 맞지만 될 때까지 할 확률이 사실상 복권에 당첨되는 것과 비견될 정도로 가능성이 적기 때문이다. 게다가 미드 학습으로 영어를 잘하게 됐다는 사람들의 영어 수준도 실상은 그리 높지가 않다. 주변에서는 잘한다고 오해하고 부러워하지만 정작 본인은 영어에 엄청난 갈증을 느낀다. 그래서 그 과정을 극복하고 성공한 사람들조차 제대로 된 영어를 배우기 위해 '스티븐영어' 카페를 방문한다.

영어에 미치다

스마트폰으로 영어와 더 가까이…

영어를 공부로만 접근하다 보니 막상 활용해 볼 기회를 찾기가 어려웠다. 당시 나의 영어 수준도 낮았고, 방법도 몰라 외국인들을 만날 엄두는 나지 않았다. 어떻게 해야 영어를 활용할 수 있을지 그 방법을 고민하기 시작했다. 먼저 휴대 전화 설정을 영어로 바꿨다. 처음에는 많이 불편했지만, 차츰 익숙해졌다. 이후 한국인 친구들에게 영어로 문자를 보내기 시작했다. 한국인 대부분이 영작은 어려워하지만, 그에 비해 읽고 이해하는 건 더 쉽게 생각한다는 점을 노린 것이었다. 무턱대고 영어로 문자를 보내다 보니 처음에는 '영어에 미친놈'이라고 말했던 친구들도 시간이 흐를수록 포기하고 상황을 받아들였다. 그렇게 친구들에게 몇 달간 영어로만 문자를 보냈더니 내가 보낸 문자를 친구들이 이해하지 못하는 경우가 생기기 시작했다. 그건 나의 영어 실력이 늘었다는 신호였다.

그즈음부터 카카오 스토리를 시작해 외국인들에게 무차별적으로 친구 신청을 하기 시작했다. 처음에 외국인 친구 한두 명을 찾기가 어려워서 그렇지 외국인 친구가 많아질수록 다른 외국인들이 추천 친구로 많이 떴다. 그들과 교류하는 다른 외국인들에게도 친구 신청을 할 수 있었다. 기존에 온라인에서 활동한 적이 없었기에 SNS를 활용한다는 게 익숙지 않았다. 그런데 막상 해 보니 외국인들과 친구가 되고 대화를 나눌 수 있다는 사실이 무척 즐거웠다. 당시 카카오 스토리로 외국인들과 교류할 때 외국인 친구만 300명 정도를 만들고, 한국인들은 정말 가까운 지인 몇몇을 제외하고는 모두 차단했다. 외국인들은 나의 영어에 대해서 옳고 그름보다 내가 어떤 이야기를 하고 싶은지 그 내용에 집중하기 때문이었다. 또한, 한국인에게 영어를 활용하면 문장이 지닌 내용보다는 문법의 옳고 그름에 신경을 썼기 때문이다. 한국인이 영어 공부할 때 주적은 같은 한국인이다!

카카오 스토리를 통해 전 세계 다양한 외국인들과 교류하다 보니 자연스레 오프라인에서 만나기도 했다. 결국 내 영어 공부의 진짜 스승은 바로 '카카오 스토리'였다. 카카오 스토리를 실행시키면 자연스레 영어에 노출될 수 있었고, 영어 댓글을 달면서 교류하다 보니 점차 한국어로 해석하려던 습관이 사라졌다. 이것은 영어 독해와 작문을 할 때도 마찬가지였다. 게다가 실시간으로 대화하는 카톡이 그 능력을 배가시켜 주었다.

영어 문자와 카카오 스토리를 통해서 실력이 향상되다 보니 자신감이 붙어 닥치는 대로 여러 해외 사이트에 가입했다. 펜팔, 언어 교환, 작문 교정, 커뮤니티 등 다양한 해외 사이트에서 활동하다 보니 제일 먼저 생긴 변화는 영어로 된 스팸 메일이 오는 것이었다. 독자들도 해외 사이트에 가입해서 스팸 메일을 받아 보면 알겠지만 돈 많은 미망인과 수천만 달러를 투자할 곳을 찾는 투자자들은 왜 그리 많은지……. 이것은 해외 스팸 메일의 수법이다. 당시에는 스팸 메일조차도 영어라고 굉장히 행복해하며 열심히 읽었다.

해외 앱이 색다른 경험을 주다

무차별적으로 가입했던 건 해외 애플리케이션도 예외가 아니었다. 한 해외 모임 앱을 가입했을 때 결국 일이 터지고야 말았다. 앱에 가입은 했는데 어떻게 활용해야 할지 전혀 몰랐다. 그때까지도 영어가 익숙하지 않을 때라 내용을 읽어 봐도 방법을 몰랐다. 설치만 해 놓고 신경을 쓰지 않았었다. 몇 시간 후, 앱에서 알람이 울렸다. 확인해 보니 누군가가 나에게 대화를 요청한 것이었다. 채팅을 시작했는데 상대방이 생각보다 영어를 못했다. 서로 소개하면서 영어가 서툰 40대 한국인 남성이라는 것을 알게 되었다. 이후 한국어로 대화를 시작했다.

"전 영어 공부하려고 해외 사이트에 왔거든요. 40대에도 해외 사이트에 계시다니 대단하세요."

"부끄럽네요."

"영어 못하는 게 어때서요? 저도 못하지만 일단 쓰는 거예요."

자신 있게 영어로 대화해 보자면서 용기를 북돋워 주고 있었는데……

그 남성의 마지막 말.

"아뇨, 님도 저처럼 동성 친구 구하는 건 줄 알고……."

(채팅창 나감)

헉! 알고 보니 그 앱은 주변의 게이들을 서로 연결해 주는 게이 전용 미팅 앱이었다. 그 남성이 그런 의도로 채팅창에서 나에게 말을 걸었던 것이 잘못된 것은 아니었다. 사실은 미천한 영어 실력에 그런 앱인지 모르고 시작한 나의 불찰이었던 것이다. 이 자리를 빌려 그 남성에게 미안했다는 말을 전한다. 그리고 이 글은 게이들을 희화화하려고 적은 것이 아님을 이해해 주기 바란다.

안방에서 어학연수 떠나기

영어를 시작하면서 '스티븐'이라는 또 다른 나를 만들었다. 항상 만나는 사람들만 연락하며 지내는 수동적인 '허승재'와 적극적인 마인드로 다양한 국적의 사람들과 교류하는 '스티븐', 이 둘이 공존하게 된 것이다. 외국인들의 문화에 좀 더 편안하게 젖어 들기 위해 가장 먼저 '나이'라는 계급을 내려놓았다.

휴대 전화로 어학 연수하다

처음 영어를 시작할 때 나는 카카오 스토리 통해서 외국인들과 교류했다. 당시에 친하게 지낸 외국인 중에 뉴질랜드에 거주하는 마이클 Michael이 있었다. 당시 고등학생이었던 마이클은 내가 작성한 영문 이메일을 교정해 주었다. 마이클은 노래 부르는 영상을 보내 주었고, 나는 마

마이클과 함께 건대역에서

이클에게 한국어를 알려 주었다.

마이클이 공부하던 한국어 교재를 같이 아마존에서 구매했다. 그 책은 한국인이 학습하는 영어 교재와 전혀 달랐다. 한국에 대한 문화적인 배경지식을 전달하면서 자연스럽게 한국어 표현들을 알 수 있도록 배려했다. 우리가 이미 알고 있듯이 한국의 영어 교재들은 과정은 철저하게 배제한 상태에서 최종 표현들만 나열해 맹목적으로 암기시키는 식이다. 자주 활용하는 영어 패턴들만 모아놓은 책은 더욱 가관이다. 우린 한국어를 어떠한 패턴만으로 대화할 수 없다는 사실을 이미 알고 있다. 그런데 재미있게도 영어는 가능하다고 생각한다.

그렇게 언어 교환을 하면서 끈끈한 관계를 유지하다가 마이클이 고등학교를 졸업하면서 자연스럽게 연락이 끊어졌다. 그로부터 2년 뒤, 강남 쪽에서 한 세미나에 참석했을 때 낯익은 카톡이 왔다. 바로 마이클이었다. 친구들과 한국에 놀러 왔다가 연락한 것이었다. 마이클을 만날 생각에 설레기 시작했다. 세미나가 끝나자마자 약속 장소인 건대입구역으로 달려갔다. 실제로 만나는 건 처음이었다. 서로 한눈에 알아보았다. 생각보다 마이클의 키가 컸다. 서로 웃으며 악수했고, 너무나 반가워서 헤

어질 때까지 서로 대화를 멈추지 못했다. 고등학생이었던 첫 외국인 친구를 이렇게 성인이 되어서 몇 년 만에 다시 만나게 되다니, 그것도 한국에서……! 정말 감격스러운 날이었다.

언어의 벽을 넘어 진짜 친구를 사귀다

세로와 노원에서

영어를 공부하면서 누구나 한 번쯤 겪게 되는 슬럼프가 내게도 찾아왔다. 내용을 알지도 못하는 미드와 뉴스로 1년 이상 영어 공부를 하다 보니 흥미도 떨어지고 지쳐만 갔다. 그 시점에는 외국인들과 교류하고 있다는 사실도 그리 큰 위안이 되지 못했다. 하루하루가 고통의 연속이었지만 영어 외에 그 무엇을 새롭게 해야 할지 몰랐기에 선택의 여지가 없던 상황이었다. 특히 수많은 외국인과 교류했지만 정작 친구라고 부를 만한 사람은 단 한 명도 없었기에 내적인 갈등도 심한 상황이었다.

어느 날 의정부로 가기 위해 시청에서 1호선 광운대행 열차로 갈아 탔다. 운 좋게 자리에 앉았는데 옆자리에 한 흑인이 타고 있었다. 신경이 쓰이긴 했지만 태연한 척 앉아 있었다. 지하철이 종착역 바로 전 역인

144

석계역에 도착했다. 그 외국인만 제외하고 모든 사람이 지하철에서 내렸다. 그 외국인은 종착역이 아니기에 내리지 않은 듯 보였다. 나는 다급하게 다가가 그 외국인의 팔을 잡고서 함께 내렸다. 의아해하는 외국인에게 석계역에서 내려야 하는 이유를 설명해 주었더니 수긍하면서 고맙다고 했다. 광운대역이 종착역인 그 지하철은 광운대에서 내리게 되면 계단을 통해 반대편 승강장으로 넘어가야 했다. 대신 석계역에서 내리면 같은 위치에서 다음 열차를 바로 타면 되는 것이었다. 그 외국인에게 자초지종을 설명하고 나서부터 내가 내리던 의정부역까지 즐겁게 대화를 나누었다. 그러고는 연락처도 서로 주고받았다. 이날이 동두천에 근무하던 미군 세로^{Cero}를 처음으로 알게 된 날이었다.

세로는 거의 주말마다 외박을 나왔고, 그때마다 함께하며 우정을 쌓아갔다. 이때 외국인들은 한 친구와 선약이 있을 때 다른 친구가 만나자고 하면 거리낌 없이 다 같이 만난다는 사실을 알게 되었다. 그래서 세로의 동료들과도 자주 만났다. 의정부역에서 거닐다 보면 사람들이 외국인을 바라보는 시선을 나도 느낄 수 있었다. 조금은 유명인이 된 듯한 기분이었다. 지나가는 저 사람들처럼 외국인들을 보는 게 아니라 외국인들 무리 속에서 그 시선을 느낀다는 것이 굉장한 설렘으로 다가왔다. 마치 미드 속에 들어와 있는 듯한 느낌이었다. 불과 2년 전까지만 해도 상상조차 해 본 적 없는데 외국인과 서로의 고민까지 털어놓을 정도로 진정한 친구가 되었다. 그러면서 자연스레 실전 영어 실력도 늘고, 슬럼프도 극복하게 되었다.

그렇게 우정을 쌓던 중 세로의 한국 체류 연장 신청이 받아들여지지 않았다. 그는 결국 미국으로 돌아갔다.

그러던 어느 날, 그에게서 카톡이 왔다.

"스티븐, 미국인 친구가 한국에서 직장을 못 구하고 있는데 도와줄 수 있어?"

"물론이지. 네 친구면 내 친구잖아. 그 친구 연락처를 알려 줘."

사실 난 외국인이 한국에서 일자리를 구하려면 어떻게 도와야 하는지 아는 바가 없었다. 하지만 세로의 친구였기에 무조건 도와줘야 한다는 일념 하나로 세로의 친구에게 연락했다. 그렇게 홍콩계 미국인 글렌Glen을 처음 알게 되었다.

친구의 친구, 나의 친구가 되다

세로를 통해 글렌의 카톡 아이디를 알게 되어 친구 등록을 했더니 프로필 사진이 떴다. 그런데 프로필 사진이 상당히 인상 깊었다.

에일리언Alien이라니! 한국의 외국인 등록증에 적혀 있던 'Alien(외국인, 외계인)'이 재미있다고 느껴 그것을 프로필 사진에 올린 것이었다. 그것을 보고 유쾌한 성격의 친구일 거라는 생각이 들었다. 우리는 한 커피숍 앞에서 만나기로 했고, 글렌은 약속 장소에 자전거를 타고 나타났다. 글렌은 훤칠한 키에 잘생긴 동양인 친구였다.

우리는 함께 길을 걸으며 들어갈 만한 식당을 찾아보았다. 글렌이 먼저 막창집을 가리켰다.

"글렌, 막창을 먹을 수 있어?"

"난 중국인이잖아. 다리 있는 건 책상 빼곤 다 먹지. 하하!"

물론 글렌은 미국에서 태어나고 자란 미국인이기에 농담으로 얘기한
것이었다.

그 후로도 우리는 자주 만났다. 한국에서 동양인이 원어민 강사로서
받는 대우가 어떤지, 한국에 체류하기로 마음먹은 이유는 뭔지 등등 우
리는 다양한 주제에 대해 이야기 나눴다. 글렌이 한번은 이런 말을 했다.

"사람마다 자신만의 독특한 내용이 담긴 책을 가지고 있어. 그런데 한
국 사람들은 내용은 무시하고 페이지 수에만 집착하는 것 같아."

글렌은 나이로 상대방을 평가하는 한국 문화에 쓴소리를 한 것이었다.
한국 문화에서 당연하게 여겼던 부분이 외국인의 눈에 이상해 보일 수
있다는 것을 깨닫게 되었다.

한번은 소위 말하는 금수저 출신의 나의 한국인 친구와 천생 흙수저
출신인 글렌까지 셋이 함께 만난 적이 있었다. 물질적인 풍요로움을 가
진 한국인 친구에 비해 정신적인 행복감은 글렌이 훨씬 높았다. 게다가
한국인 친구는 당시 자유롭고 긍정적인 사고를 하는 글렌을 부러워하기
까지 했다. 그때의 상황을 글렌이 본인의 블로
그에 올리기도 했다. 아래 QR코드에서 해당 포
스팅 원문을 확인할 수 있다. 참고로 포스팅 본문
에서 글렌이 언급하는 통역은 '나'다.

쉽고, 재미있고, 빠르게

기존 영어 강의들의 문제점을 파악하다

실생활에서 활용하다 보니 어느 순간부터 영어가 제2언어처럼 편하게 느껴지기 시작했다. 하지만 이때까지도 영어의 개념에 대한 갈증은 쉽게 풀리지 않았다. 그래서 제대로 된 영어를 마주하기 위해서 다양한 자료를 찾아 여정을 떠났다. 첫 번째 수확은 한 교수님의 '전치사'에 관련된 서적을 알게 된 것이다. 이 책을 보면서 전치사에 대해 새로운 관점으로 바라보게 되었다. 희뿌연 안개가 잠시나마 걷히는 영감을 받았다. 전치사를 그림으로 표현하고 설명하다니……. 기쁜 마음에 출퇴근 시간과 주말을 활용해 이 책과 씨름하였다. 하지만 전치사를 기필코 정복하게 말겠다고 넘치던 의욕은 이내 사그라졌다. 왜냐하면 책의 내용이 생각보다 딱딱했고, 너무 방대한 내용을 세부적이면서 복잡하게 다루고 있었기 때문이다. 우여곡절 끝에 책을 다 읽긴 했지만, 막상 머릿속에 남는 것은 별로 없었다. 그때부터 일종의 숨겨진 비기 같은 독특한 영어 자료들을 찾아다녔다. 특히 영문법과 전치사와 관련해서 기존과 다른 관점으로 표현한 콘셉트의 자료들을 찾아 나섰다. 영문법에 대한 갈증이 극심했기 때문이다. 개별 자료들은 영문법을 독특한 시선으로 볼 수 있도록 도와주었다. 전치사도 어감으로 느끼는 방법에 대해서 영감을 얻을 수 있었다. 다양한 자료를 수집해 나가면서 이런 의문이 들었다. '내용이 좋긴 한데 문법의 일부, 전치사 일부만을 다루는군. 영어 전체를 조망할 수 있게 만들어 주는 자료는 없을까?' 이 궁금증을 해결하기 위해 거의 2년간 사방팔방으로 돌아다녔다. 그리고 그런 자료들에서 세 가지 공통적인 사실을 알게 되었다. 물론 이는 시중의 강의들도 가지고 있는 특성이다.

첫째, 영어의 일부만을 다룬다.

초등학교 시절, 국어는 '듣기, 읽기, 말하기, 쓰기' 이렇게 4가지 부문으로 나뉘어 있었다. 그리고 각 부문을 관통하는 핵심은 국문법이다. 국문법의 토대 위에 언어의 4가지 부문이 확장하면서 유창함이 발달하고, 세분되면서 정확성이 발달하는 과정을 거치게 된다. 영어도 마찬가지다. 그런데 이 네 가지를 어떤 순서와 과정을 거쳐서 공부해야 하는지 알려주는 강사가 없었다. 단순히 이 4가지가 중요하고 모든 부문은 연관되어 각기 다 필요하다는 점만 막연히 강조했다. 혹은 자신들이 가장 자신 있는 커리큘럼을 내세우고서 그것만 하면 마치 영어를 잘할 수 있는 것처럼 말하는 사람밖에 없었다. 그리고 그 커리큘럼이라고 해 봐야 문법 용어 설명이나 표현 모음, 패턴 영어, 상황 영어 등만을 묶은 수준이거나 원서 읽기처럼 텍스트만을 혹은 미드 학습법처럼 소리만을 강조하는 경우가 대부분이었다. 이 모든 것들을 명확한 커리큘럼을 통해서 일관성 있게 알려 줄 필요가 있다고 강하게 느꼈다.

둘째, 강의로 모든 것을 포용하려 한다.

영어는 실생활에서 쌍방향으로 의사소통을 위한 용도다. 강의로 학습할 수 있는 부분은 일방적으로 전달되는 지식뿐이다. 그러므로 강의는 영어를 활용할 수 있도록 도와주는 보조적인 역할이지 주가 될 수 없다. 강의를 통해서 영어를 활용하는 방법에 대한 아이디어만 얻으면 된다. 그렇게 알게 된 내용을 활용해 볼 수 있도록 학습자에게 다양한 방법이 제공되어야 한다.

그래서 내가 운영하는 카페 '스티븐영어'에서는 듣기, 읽기, 말하기, 쓰기 전 영역을 골고루 활용해 볼 수 있도록 다양한 연계 스터디를 제공했다. 일상 속에서 영어를 활용해 볼 수 있도록 한국어 학습을 원하는 외국인들과 언어 교환을 할 수 있게 조치했다. 또한 다양한 무료 국내외 영어 사이트와 활용법도 알려 주고 있다.

셋째, 지식만을 전달한다.

기존의 영어 강의는 강사가 수강생에게 일방적으로 영어적인 지식만을 전달한다. 수업 시간이나 자습하는 시간 외에는 영어를 활용해 볼 기회가 없다. 아무리 열심히 암기했어도 오늘 암기한 내용을 평생 만날 기회가 없다면 과연 뇌에서 그 정보를 장기기억 쪽으로 보낼 이유가 있을까? 새로운 정보를 처리해야 하므로 해당 정보를 잊게 하는 게 더 효율적이라고 판단할 것이다. 그래서 어휘 책을 아무리 열심히 외워도 시험을 볼 때면 기억나지 않았던 것이다. 영어는 시스템적으로 접근해야 한다. 그 시스템에서 영어 강의는 극히 일부이다. 강의를 통해 학습한 내용을 원서 읽기를 통해서 다져야 하고, 스터디를 통해서 다양하게 활용해야 한다. 그리고 평상시에도 영어로 대화할 기회를 자주 만들어야 한다.

이즈음에 다양한 영어 학습 자료들을 찾아다니면서 동시에 외국인들과도 교류했다. 그렇게 지속적으로 영어에 나 자신을 노출시켰다. 그러다 보니 영어와 영문법에 대한 이해의 방식과 폭이 이전과는 완전히 달라졌다. 이는 학습 자료만으로 된 것도 아니고, 외국인들과 교류해서만 된 것도 아니다. 이 두 가지가 결합하여 나만의 색깔로 영어에 대한 뿌리 이미지가 머릿속에서 정립되기 시작했다. 이 시점이 바로 다양한 어휘들과 영문법, 전치사가 마치 또 다른 모국어인 양 내재화되는 시기였다. 당시에는 18개월간 인고의 세월을 겪었지만, 한편으로는 성장이 무척이나 더뎠기에 그 과정 하나하나가 잊히지 않고 기억 속에 각인되었다. 어렵게 공부할 당시에는 절망적이었지만, 강사로 나서면서 그 시간이 오히려 축복이었음을 깨달았다. 수강생이 직면한 어려움을 그 누구보다도 잘 이해할 수 있고, 해결 방법도 잘 알게 되었기 때문이다.

이때 마음속에서 이런 생각이 뿌리내리게 되었다. 다른 사람들은 나와 같은 힘든 과정들을 밟지 않도록 도와야겠다. 그리고 누구나 진짜 영어 실력 변화가 빠르게 일어날 수 있도록 도움을 줘야겠다. 그래서 강의를 구성할 때 처음부터 고려한 것이 바로 다음 세 가지다.

"쉬울 것!"

"재미있을 것!"

"변화가 즉시 느껴질 것!"

그렇게 해서 '한 컷 영어'를 출시하게 되었다.

'한 컷'으로 영어하라

영어 단어, 무작정 외우지 마라

고2 때 영어를 시작하면서 제일 먼저 한 행동이 바로 '깜지' 만들기였다. 《우선순위 영단어》 어휘집을 펼쳐서 맨 위 단어부터 순서대로 연습장에 50번씩 적으면서 하나씩 각개 격파해 나갔다. 그렇게 연습장을 새까맣게 물들였지만 동시에 내 머릿속은 하얗게 물들었다. 당시엔 여러 번 암기한 단어조차 시험에 나오면 전혀 기억나지 않는 이유를 몰랐다.

대학생 때는 《보카 에이스 33,000》과 같은 어휘 교재를 같은 방법으로 공부했다. 그렇게 단순하게 암기하는 것 외에는 다른 방법이 생각나지 않았다. 단어 순서대로 한글 의미와 1:1 매칭해서 암기하고, 연습장에 깨알 같은 글씨로 적고 그러고는 까먹고……. 이러한 상황의 무한 반복이었다. 게다가 그렇게 열심히 외워도 실제 시험에서 해당 어휘들을 마주

할 확률이 너무 낮았기에 매우 비효율적이다. 만약 외국인이 한국어를 배울 때 그런 식으로 공부하면 어떤 일이 벌어질까?

예전에 한국에 거주하는 외국인들에 관한 유튜브를 본 적이 있다. 한국어를 공부하고 있는 크리스티나^{Christina}라는 미국인 여성이 한국에 막 도착했을 때의 일이다. 공항에서 한 여자가 남자의 팔짱을 끼고 '오빠'라고 부르며 애교를 부리고 있었다. 손을 잡고, 포옹하는 모습을 보며 유난히 사이가 좋아 보인다고 생각했다. 하지만 남자가 여자에게 찐하게 키스하자 크리스티나는 멘붕(?)에 빠졌다. 사전적인 의미만 무작정 암기한 그녀는 '오빠'는 친오빠로만 알고 있었기 때문이었다. 우리가 영어를 공부할 때도 이와 비슷한 일이 수없이 일어난다.

나도 비슷한 일을 겪은 적이 있다. 해외 사이트에서 알게 된 중동인과 카톡으로 얘기를 나눌 때였다. 알고 보니 나보다 어린 20대 여성이었다. 평소 케이팝을 통해 한국어에 관심이 있던 그녀는 나를 '오빠'라고 불렀다. 하지만 대화하면서 내가 유부남임을 알게 되자 'Sir'로 불렀다. 아저씨라니? 왜 갑자기 호칭을 바꾸냐고 물었더니 '오빠'라고 부르면 아내에게 예의가 아니라고 했다. 케이팝을 통해 한국어를 배운 외국인의 한계였다. 나는 '오빠'는 꼭 연인 사이가 아니더라도 자기보다 나이가 많은 남성에게 쓸 수 있는 표현이라고 가르쳐 주었다. 약 10분간의 설명 끝에 겨우 나는 아저씨^{sir}에서 오빠가 될 수 있었다.

앞서 언급했던 미국인 절친 세로^{Cero}가 있다. 지금도 자주 카톡하고, 한국에 있을 때는 가족에게도 소개할 정도로 매우 친한 사이다. 유치원생 딸은 처음에는 세로 삼촌을 무서워했지만, 지금은 이따금 세로 삼촌은 언제 한국에 놀러 오냐고 묻곤 한다. 얼마 전에 있었던 일이다. 딸이 갑자기 세로 삼촌이 보고 싶다고 말했다. 그래서 카톡 음성 녹음으로 딸의 목소리를 녹음해서 친구에게 보내 주었다.

"세로 삼촌, 보고 싶어요."

그랬더니 세로가 의아해했다. 본인을 왜 삼촌^{uncle}이라고 부르는지 영문을 몰랐던 것이다. 미국에서는 아빠 친구를 이름으로 부르기 때문이었다. 그래서 한국어를 모르는 세로에게 한국에서 '삼촌'은 아빠 친구에게도 쓰일 수 있다고 알려 주었더니 그제야 이해했다.

앞의 사례들에서 본 것처럼 영어와 한글 단어를 1:1로 매칭해서 암기하더라도 실제로 활용할 수 없는 경우가 부지기수다. 특히 이는 개별 어휘에 담긴 문화적인 차이도 무시할 수 없는 부분이다. 어휘뿐만 아니라 문장이나 표현에도 문화가 담겨 있어 이해하기 어려운 경우가 빈번하다. 문제를 제기했으니 이제 해결 방법을 알아보겠다.

어휘 학습은 '뿌리 이미지'를 바탕으로!

언어는 역사성을 가지고 있다. 영어도 언어이기에 개별 영어 단어들은 짧게는 수년에서 길게는 수천 년의 역사를 가지게 된다. 특히 기초 어휘들은 그 역사성이 상대적으로 길며 오랜 세월 동안 사용되면서 상황에 맞게끔 의미가 변하거나 다양한 의미들이 결합하는 경우가 많다. 그 과정에서 전혀 다른 의미의 표현들이 결합하기도 한다. 하지만 많은 상황에 해당 어휘가 함축하고 있는 뿌리 이미지를 토대로 그 의미가 분화하는 경우가 많다. 한 어휘가 가진 개별 의미들은 최종 의미들만 놓고 보면 별개인 듯하면서도 사실은 뿌리 이미지를 기준으로 줄줄이 굴비처럼 엮여 있는 경우가 많다.

한국어 동사 '먹다'를 예를 들어 보겠다. '먹다'의 뿌리 이미지는 '(음식을) 먹다 '이다. 음식을 먹다 보니 자연스레 매년 새해에 떡국을 먹는다. 이는 '새해에는 떡국을 먹다'라는 한국의 문화적인 요소와 결합한 것이다. 이것은 자연스레 새해에 '(나이를) 먹다'와 의미 연결이 된다. 그리고 우리나라는 '나이'에 따른 서열 관계를 중시한다. 그런데 현재 자신들이 먹은 나이와 상관없이 두세 살 차이가 나더라도 친구가 되는 경우가 있다. 그런 상황까지 포함해서 '(친구를) 먹다'라고 표현한다. 화장을 먹고, 엉덩이가 바지를 먹는 것도 결국 같은 뿌리 이미지에서 파생된다. 이렇게 '먹다'는 뿌리 이미지를 기준으로 개별 의미들이 분화된 것이다.

그런데 만약 동사 '먹다'를 외국인이 암기한다면 어떨까? 분명히 eat 또는 have로 외울 것이다. 하지만 문장 속에서 외우지 않은 다른 의미로 쓰이게 되면 멘붕 상황에 빠지게 되는 것이다. 화장을 먹고, 친구를 먹는 건(친구 사이가 되다) 도저히 매칭되지 않는다. 게다가 앞서 언급한 모든 '먹다'는 영어로는 각기 다른 단어로 쓰여야 한다. 그렇기에 한글과 영어를 1:1로 매칭하는 것은 잘못된 것이다.

영어를 이해하는 훈련을 하자

다음 장부터 공부하게 될 '한 컷 영어'는 단어와 문장을 억지로 암기하려고 고민할 필요가 없다. 어휘나 문장을 알려 주는 대로 한 컷 그림, 혹은 어휘의 저변에 깔린 뿌리 의미와 매칭해 가며 상상력을 동원해서 이해하는 연습만 하면 된다. 그 과정을 3회 반복하라. 책에서 알려 주는 어휘나 표현의 개수는 많지 않다. 하지만 여러분이 학습할 부분은 알려 주는 어휘와 표현 몇 개를 단순 암기하는 것이 아니라 영어를 이해하는 방식이다. 여러분이 '한 컷 영어' 스타일로 영어를 받아들이는 방식을 배울 수 있게 된다면 책에서 다루지 않은 어휘와 표현도 같은 방식으로 해결할 수 있게 된다.

이 과정을 내 것으로 만들기 위해《Magic Tree House》라는 영어 원서를 읽어 보는 것도 좋다. 처음에는 생소한 어휘 때문에 어려울 수 있지만 5권 정도 읽고 나면 점차 편안해질 것이다. 영어 읽기를 먼저 극복하고 나서 발음 연습을 한 뒤 변화된 발음을 문장에 녹여 낼 수 있게 되면 점차 더 잘 들리게 된다. 듣기 능력이 배가되면서 듣는 귀가 좋아져 발음도 더 세심하고 정확하게 할 수 있게 되고, 그것이 선순환되어 실제로 말하기에까지 이를 수 있게 되는 것이다.

영어 말하기까지 도달하기 위해서는 이렇게 다양한 단계가 필요하다. 그 모든 과정을 통해서 '한 컷 영어' 스타일을 본인 것으로 만들 수 있게 된다면, 여러분이 앞으로 어느 곳에서 어떤 영어를 학습하든 단단한 기초가 되어 줄 것이다.

TIP 영어 공부에 중요한 2요소

재미

"일단 해라, 그러면 영어를 잘하게 된다."

기존의 영어 학원은 동기 부여 측면에서 위와 같은 슬로건을 내세우는 경우가 많다. 물론 그러한 슬로건이 잘못된 것은 아니다. 어떤 형태로든 꾸준히 영어에 노출된다면 언젠가 영어를 잘할 수는 있다. 그런데 그 언젠가가 언제인지도 모른 채 막무가내로 영어에 노력할 수 있는 성인은 많지 않다. 나 또한 같은 방식으로 했기에 그런 방식으로는 실패 확률이 훨씬 높다고 단언하겠다.

그런데 재미있다면 어떨까? 하지 말라고 해도 우선순위에 두고 영어를 하게 된다. 그래서 '재미'가 가장 중요하다. 수업도 재미있어야 하고, 수업을 통해 자습할 콘텐츠도 재미있어야 한다. 그러면 스스로 지속하게 된다.

적극성

"일단 만나라, 그러면 성격이 바뀐다."

영어 학원에서 배울 수 있는 것은 공부다. 영어를 담는 과정인 인풋(읽기, 듣기)은 공부적인 성격이 강해 학원에서 배울 수 있지만, 영어를 꺼내는 과정인 아웃풋(쓰기, 말하기)은 실전 경험이 중요하다. 그래서 아웃풋을 늘리기 위해서는 실제로 많이 활용해 봐야 표현이 더 확장되고 정교해지게 된다. 이때 필요한 것이 바로 '적극성'이다. 적극적으로 사람을 만나려고 노력해야 하고 영어를 활용해 보려고 시도해야 한다. 언제까지 책상머리에서 공부만 하고 있을 것인가? 이젠 책상을 벗어나라. 그리고 외국인과 만나고 교류하라.

지금까지 성격이 내성적이었다면 이제부터는 적극적으로 바뀌면 된다. 앞서 언급한 것처럼 나도 두 가지의 자아가 있다. 하나는 '직장인' 허승재, 그리고 또 하나는 '영어 강사' 스티븐이다. 이 둘은 스타일이 다르다. 엔지니어 허승재는 평범한 성격으로 수동적으로 업무에 임한다. 주어진 일에 최선은 다하지만, 적극적으로 새로운 일을 찾아 나서지는 않는다. 하지만 영어 강사 스티븐은 적극적이고 열정적으로 영어를 알려 주고 수많은 사람과 교류한다. 당신의 한국인 지인들은 여러분을 부끄러움이 많은 수동적인 사람으로 기억할 수 있다. 하지만 외국인들은 여러분이 어떤 스타일의 사람인지 전혀 모른다. 외국인들에게 어떤 모습의 사람으로 비칠지는 지금부터 어떤 자세로 그들에게 다가가느냐 하는 당신의 결정에 달려 있다.

그래도 어렵다면 '스티븐영어' 카페에 와서 무료로 외국인들과 영어 채팅부터 시도하라. 그게 바로 카페를 개설한 첫 번째 이유였다. 영어를 활용해 보고 싶지만 어디서부터 어떻게 해야 할지 모르는 사람들을 연결해 주고 싶었다. 그리고 한국에 관심 있는 외국인들과 연결해 주고자 언어교환 채팅을 시작했다. 더 적극적인 스티븐이 영어를 적극 활용하고자 하는 당신을 외국인들과 직접 만날 수 있도록 도와주겠다.

Chapter 6

your story

당신이
걸어갈 꽃길

나는 매일 4시간 이상 영어를 공부해 왔다. 평범한 직장인이 1년 넘도록 그렇게 공부하는 것은 일반적이지 않다. 즉, 나에게 영어 공부는 고행의 흙길이었다. 하지만 여러분에게는 나와 같은 방식이 아니라 평범한 사람이 평범한 노력(하루 1시간)으로 영어를 할 수 있는 꽃길을 제시해 주고 싶다. 이미 1년 만에 천 명이 넘는 사람이 경험한 성공의 길로 당신을 안내하겠다.

인풋이 있어야
아웃풋이 있다

시중에는 초보를 위한 영어라고 광고하는 강의들이 꽤 많다. 분명 지인 중에 그런 영어 학습법들을 수강한 사람들이 많이 있을 것이다. 그런데 왜 영어에 성공한 사람은 주위에서 찾아보기 힘든 걸까? 성공 사례는 정말 광고 속에서만 존재하는 것일까? 하나씩 따져 보자.

영문법

수업 예시: 영문법, 원서 읽기

'영어' 하면 가장 먼저 떠오르는 것 중 하나가 바로 '영문법'이다. 당신은 야심 차게 영문법 수업을 수강하지만, 수업 시간에는 눈꺼풀이 감기기 일쑤다. 알지도 못하는 문법 용어들이 나오고 그 문법 용어를 설명하

기 위해 또 다른 문법 용어들이 난무한다. 결국 수업 진도를 따라가기 어려워 수강을 포기한다. 이번엔 문법책《Grammar In Use》를 구매한다. 누군가가 영어는 영어로 배워야 한다고 말하던 것이 기억났기 때문이다. 처음의 의욕은 잠시 스쳐 가는 바람과 같다. 결국 10쪽도 채 넘기지 못하고 영문법을 포기하고 만다.

이번엔 '원서 읽기' 강의로 눈을 돌린다. 스토리가 있는 원서를 통해서 문장을 이해하는 방법을 배우니 즐기면서 할 수 있으리라 기대한다. 하지만 역시나 큰 장벽에 부딪히게 된다. 왜냐하면 그건 원서 읽기 수업을 가장한 문법 수업이기 때문이다. 모든 문장을 문법적으로 분석해 한글과 1:1로 매칭해 리딩을 하다 보니 문장을 하나하나 해석하는 데 한숨만 나온다. 일부 읽을 수 있는 부분도 있지만 사실상 스토리를 이해하면서 읽기는 역부족이다. 이쯤에서 질문을 하나 해 보겠다.

"당신은 국문법을 잘 알고 있는가?"

30초만 답변을 생각해 보자. 틀림없이 여러분은 자신 있게 "네, 국문법을 잘 압니다!"라고 말하기 부담스러울 것이다. 이는 여러분이 문법과 문법 용어를 분리하지 않고 동일시해서 생기는 착각 때문이다. 당신은 한국어 원어민으로서 국문법을 잘 아는 것이 맞다. 모르는 것은 국문법이 아니라 '국문법 용어'다. 문법과 문법 용어는 분리해서 생각해야 한다. 그러면 당연히 영어도 마찬가지여야 하지 않을까? 영문법과 영문법 용어도 마찬가지로 분리해서 별도로 생각해야 한다. 그리고 그동안 당신이 배운 건 사실 영문법이 아니라 '영문법 용어'였다.

생활회화

수업 예시: 단어 조합, 패턴 영어, 상황별 영어, 전화 영어 등

해외에 나갈 때면 보디랭귀지로 위기를 넘기기 일쑤인 당신. 그래서 왕초보를 대상으로 하는 영어 수업에 등록하게 되었다. 바빠서 학원보다는 온라인 수업을 택했다. 영어를 한글로 1:1 매칭해서 단어를 이어 붙이는 수업이었다. 어릴 때와는 다르게 영어에 대한 의욕도 있었고, 필요성도 절감했다. 그래서 1년간 정말 열심히 공부했다. 영어 레벨이 오른 당신은 '왕'초보에서 드디어 그냥 초보가 되었다.

단어 조합, 패턴 영어, 전화 영어 등 다양한 영어 수업이 존재한다. 그들 모두 적절한 읽기, 듣기(Input) 과정 없이 바로 스피킹(Output)을 할 수 있다고 강조한다. 영어를 잘한다는 것은 영어 분야의 '전문가'가 된다는 것을 뜻한다. 그런데 어떤 분야든 충분한 사전 학습 없이 바로 전문가처럼 말할 수는 없다. 영어도 마찬가지다. 읽기든 듣기든 영어를 받아들이는 과정이 충분히 선행되어야 한다. 그래야 이후 그 강의들을 통해서 결국 말을 내보내는 스피킹을 할 수 있게 되는 것이다.

미드 영어

수업 예시: 미국 드라마, 연설, 청취, 소리영어 등

　미드로 영어를 가르치는 학원에 갔더니 주변에서 원어민들이 대화하는 것 같았다. 알고 보니 이 학원의 한국인 수강생들이었다. 그럴듯한 영어 발음에 신세계를 만난 듯한 느낌이 든다. 이번에는 기필코 영어를 정복하겠다고 굳게 다짐한다.

　수업 시간이 되었다. 영어를 잘 알지도 못하는데 미드 속 대사들은 너무나 어렵다. 이해되지도 않는 문장들을 선생님은 계속 반복해서 말하라고 한다. 알지도 못하는 내용을 종일 반복하려니 점점 지쳐 간다. 그 고통을 이겨내며 1년간 지속했더니 지인들이 영어를 잘한다고 추켜세운다. 그런데 정작 내 영어 실력은 영어 동화책조차 제대로 읽기 어려운 상태다. 사실상 발음만 바뀌었다. 새로 온 수강생들이 나의 발음을 부러워한다.

　미드 콘텐츠는 세 가지의 문제점이 있다. 첫 번째는 수준이 높아서 초보들이 재미를 위해 접근했다가 결국 영어를 포기하게 된다는 점이다. 두 번째는 엄청난 반복을 통해서 일정 수준 이상의 영어 레벨에 오르게 되지만 사실상 그 수준이 그리 높지 않다는 점이다. 이는 수준에 맞는 커리큘럼이 아닌 흥미에만 맞춘 커리큘럼이기 때문이다. 마지막으로 인풋량이 부족하다. 미드 5분 분량을 1시간 동안 학습한 뒤 무한 반복하도록 유도한다. 하루에 기껏해야 20문장 수준이다. 원서 읽기에 비해 인풋량

인풋량 비교

	미드 학습	원서 읽기 (20배▲)
1일	20문장	600문장
1년	7,300문장	219,000문장

자체가 터무니없이 적다. 미드 학습법도 분명히 필요한 과정 중 하나는 맞다. 하지만 미드만으로 영어를 처음 시작한다면 더딘 실력 변화에 금세 지쳐서 포기하게 된다.

'인풋'이 있어야 '아웃풋'이 있다

기존에 어디서 어떤 영어를 학습하더라도 기본 베이스는 '암기'와 '반복'이다. 제대로 알지도 못하는 내용을 무작정 암기하다 보니 외우면 잊고, 외우면 다시 잊어버리는 과정을 무한 반복해 왔다. 그것을 억지로 극복하라고 기존 학습법들은 수십, 수백 번을 단순히 반복시키지만 결국은 포기를 불러왔다. 영어를 공부하는 데에는 적절한 순서와 방법이 존재한다. 위에 열거한 학습법들은 배격해야 할 대상이 아니다. 그게 아니라 학습 순서와 방식에 대한 적절한 재배치를 통해서 큰 틀에서 일정한 순서와 단계를 거쳐서 학습해야 하는 것이다.

효과적인
영어 학습 순서

영어란?

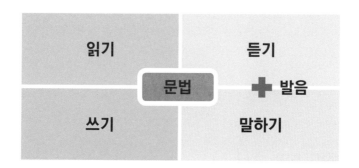

    문법, 어휘, 읽기, 발음, 듣기, 쓰기, 말하기, 소리 등 다양한 영어의 개별 기능은 모두 필요하다. 영어 강사들은 본인의 전문 분야가 한두 가지로 정해져 있다. 그리고 당연(?)하게도 본인이 주력하는 분야를 부각시키며 마치 그것만 잘하면 영어를 마스터할 수 있다고 광고한다. 하지만 각각의 기능은 적절한 순서와 방식을 통해서 모두 다 필요하다. 그리고 영어

인풋 & 아웃풋

Input 받아들이기	Output 내뱉기
읽기, 듣기	쓰기, 말하기

가 모국어가 아닌 학습자가 진행해야 할 정확한 학습 순서도 있다.

영어는 위의 표와 같이 크게 인풋^{Input}과 아웃풋^{Output}으로 나눌 수 있다. 영어를 받아들이는 과정인 인풋은 '읽기'와 '듣기'가 있고, 영어를 밖으로 내뱉는 과정인 아웃풋은 '쓰기'와 '말하기'가 있다. 영어의 어느 영역이든 다 포괄하는 것이 '문법'이다. 문법의 토대 위에 문장이 만들어지는 것이다. 하지만 이건 표면적인 내용이고, 사실 가장 밑바탕에 깔린 것은 바로 '의미'다. 언어는 기본적으로 내가 하고 싶은 말을 하고, 상대방의 말을 이해하는 것이 목적이다. 문법은 그렇게 사람이 가지고 있는 '의미'를 좀 더 격식 있고 통용되는 툴로 담기 위한 형식일 뿐이다.

영어 학습의 진짜 순서

물통에 물이 먼저 담겨야 다음 과정으로 그 물을 꺼낼 수 있다는 것은 당연한 이치다. 마찬가지로 우리 몸에도 영어를 담는 인풋 과정이 선행되어야 자연스럽게 영어를 꺼내는 아웃풋이 나오는 것이다. 시중의 영어 강의들은 대부분 인풋 없이 아웃풋이 단기간에 가능하다고 광고한다. 이미 인풋이 상당히 채워져 있는 중급자라면 아웃풋 위주로 학습해도 효과가 나타날 수 있다. 하지만 초보는 다르다. 인풋의 토대 위에 아웃풋이 발현되는 것이다. 기존의 영어 학습법들을 하나씩 살펴보고 어떤 순서로 학습하는 것이 맞는지 알아보자.

영문법, 그 시작

"당신은 국문법을 잘 알고 있습니까?"

이 질문을 한국인에게 하면 80%는 국문법을 잘 모른다고 한다. 하지만 당신은 한국어 원어민으로서 국문법을 잘 아는 것이 맞다. 당신이 모르는 것은 음절의 끝소리 법칙, 두음법칙 같은 '국문법 용어'다. 그런데 실생활에서 '국문법 용어'가 필요한가? 아니다. 이는 영어도 마찬가지다. 당신이 그동안 배운 건 영문법이 아니라 사실 '영문법 용어'였다.

우리는 그동안 영어를 비빔밥처럼 공부해 왔다. 어휘를 외우다가, 문법을 조금 공부해 보다가, 듣기도 기웃거려 보고, 원서 읽기가 좋다고 하니까 원서도 읽어 봤다. 그렇게 정확한 형태를 갖추지 못하고 모든 것이 의미 없이 섞여 버렸다. 하지만 영어는 꼬치처럼 학습해야 한다. 여기서 문법이 바로 꼬치를 관통하는 꼬챙이가 되는 것이다. 어휘들은 어묵, 파, 고기 등의 꼬치의 재료가 되는 것이다. 꽂이에 재료들을 순서대로 꽂아

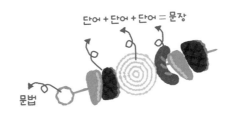

단어 + 단어 + 단어 = 문장

문법

꼬치를 만들 듯이 문법 틀 위에 단어들을 순서대로 연결한 것이 바로 문장이 되는 것이다.

문법은 풀어서 말하면 '(문)장을 구성하는 (법)'이다. 문법을 통해 문장을 이루는 뼈대를 먼저 이해하는 것이 먼저다. 그래야 뼈대에 어떠한 어휘들이 어떠한 순서로 구성되어 있는지 이해할 수 있게 된다. 이는 '영어의 기본기가 갖춰진다'는 것을 뜻한다. 문법을 이해한 상태에서 어휘를 보강하면 문장을 읽고 이해할 수 있다.

원서 읽기, 실력 다지기

앞서 언급한 인풋은 '읽기'와 '듣기'로 나누어진다. 이 중 어느 것을 먼저 하는 것이 좋을지가 궁금할 것이다. 인풋을 좀 더 나눠 보자. 먼저 읽기는 '텍스트'를 통해 '문장을 이해하는 것'이다. 듣기는 '소리'를 통해 '문장을 이해하는 것'이다. 대한민국 영어 학습자 중 영어 텍스트를 못 읽는 사람은 거의 없다. 문제는 텍스트는 읽더라도 문장을 이해할 수 없다는 것이다. 하지만 듣기로 접근하게 되면 우선 '소리'부터 장벽이다. 원어민이 내는 특유의 소리도 모르고, 의미도 이해가 되지 않는 상태에서 듣기 학습을 하는 것이다. 그래서 인풋에 있어서 '문장 이해' 하나만 극복하면

인풋의 구분

읽기	듣기
① 텍스트	① 소리
② 문장 이해	

되는 원서 읽기가 학습자에게 훨씬 유리한 것이다. 왜냐하면 영어 듣기는 '소리'와 '문장 이해' 두 가지를 한 번에 극복해야 하기 때문이다.

영문법은 기존에 하던 것처럼 책에서 예문을 몇 번 풀어 본다고 내 것으로 체화될 수 없다. 그래서 기초 영문법부터 여러 번 반복해서 연습해 본 학습자만이 영문법이 가지고 있는 뉘앙스를 극히 일부 알 수 있게 되었다. 이 과정을 효율적으로 만들어 주는 것이 바로 원서 읽기다. 우선 최소한의 영문법적인 정보를 습득해 원서 읽기가 가능해지게 만든 뒤, 다독을 통해서 어휘와 문법을 자연스럽게 갖춰 나가는 것이다. 이 과정을 진행하다 보면 자연스럽게 읽는 속도도 빨라지게 된다. 문장 이해를 극복했고, 이해의 속도가 듣기 속도와 유사하게 도달하게 되면 이제야 비로소 듣기 학습을 위한 기초 토양이 마련된 것이다.

영어 듣기 실력, 레벨 업 하는 법

무턱대고 소리 내서 원서를 읽으면서 영어를 공부하라고 독려하는 학습법이 있다. 소리 내서 읽는 것 자체는 나쁘지 않다. 하지만 이 방법에는 두 가지 문제점이 있다. 먼저 이것은 기존의 미드 학습법처럼 알지도 못하는 내용을 무턱대고 반복하도록 만든다. 그리고 제대로 된 발음 연습을 하지 않아 실제 원어민의 발음과 전혀 다르게 학습자 혼자서 발음을 내게 된다. 상대방이 알아들을 수 없다면 그게 무슨 소용이 있을까?

영어 발음은 우선 한국인과 원어민의 발음 차이에 관한 이해부터 해야한다. 발음기호 단위별로 정확한 방법을 통해서 원어민의 소리를 이해한 뒤 점차 단어, 구, 문장 단위로 소리를 한꺼번에 연습하는 양을 늘려 나가는 것이다. 그 과정을 반복하면서 한국인의 발음에서 점차 원어민과 유사한 발음으로 변화되어 가는 것이다.

원서 읽기까지의 과정을 통해서 문장 이해와 리딩 속도를 극복했고, 영어 발음을 통해서 소리에 대한 민감도를 높였다면, 이제는 반복 듣기를 통해서 '문장'과 '소리'를 붙여 주는 과정이 필요하다. 그것이 바로 진정한 영어 듣기 연습이 되는 것이다. 이 과정에서 반복해서 듣기뿐만 아니라 섀도잉과 딕테이션 등도 병행해야 한다. 처음에는 원서로 시작해 애니메이션, 미드, 뉴스 등으로 점차 난도를 높여 나가야 한다.

스피킹, 끝판왕

스피킹은 영어 공부에 있어서 끝판왕 같은 존재다. 그런데 한국인들은 영어 공부할 때 너무나 급하다. 앞서 언급한 다양한 준비 과정 없이 영어로 유창하게 말할 수 있기를 바란다. 그러다 보니 시중의 영어 학습법들은 모두 즉시 영어로 말할 수 있게 도와주는 강의라며 광고한다. 영어 학습자들은 그런 방식으로는 절대 안 된다는 것을 수많은 시행착오를 겪으며 깨달았으면서도 또다시 광고에 속는다. 그리고 자신은 영어는 도저히 해도 되지 않는다며 포기하는 마음이 생기고 점차 영어에서 멀어져 버린다.

영어로 말하고 싶다는 것은 결국 외국인과 대화하고 싶다는 것을 뜻한다. 대화는 듣고 나서 말하는 과정이다. 상대방이 무엇을 말하는지 면저 이해해야 내가 하고 싶은 말을 할 수 있게 되는 것이다. 그런데 문장 이해 및 발음 연습 등을 통한 듣기 연습이 충분히 되지도 않았는데 어떻게 일방적으로 스피킹이 될 수 있겠는가!

영어는 기본적으로 인풋(읽기, 듣기)을 충분히 쌓으면서 아웃풋(쓰기, 말하기)을 병행해야 한다. 이때 인풋은 학습의 개념이 강하지만 아웃풋은 학습보다는 실전 경험이 중요하다. 그래서 실제로 활용해야 늘게 되어 있다. 그런데 성인 대부분은 인풋은 채우지도 않고 단순히 전화 영어나 회화 학원을 통해서 말을 해 볼 수 있는 환경을 만드는 데에만 혈안이 되어 있다. 인풋을 하지 않으면 아무리 아웃풋을 많이 할 수 있는 환경을 만들더라도 항상 사용하는 제한된 몇몇 표현만 입안에서 맴돌게 된다.

또한, 처음부터 표현 교정이나 첨삭을 통해서 정확한 표현만을 추구하려고 들면 사실상 표현의 확장성에 제한을 받게 된다. 말을 내뱉기 전에 머릿속에서 문법이나 단어 등을 스스로 검열하면서 일종의 버퍼링 상태에 빠지게 된다. 이는 마치 확장하는 세포를 조그마한 틀 안에 가두는 것과 같다. 틀로 인해 형태는 갖춰질 수 있지만 크기가 확장되지 못한다. 이는 다양한 경우에 할 수 있는 표현의 확장성을 갖추지 못하게 된다는 것을 의미한다.

그러므로 처음에는 교정보다 순수한 인풋량의 힘으로 아웃풋이 늘어나도록 유도해야 한다. 그렇게 해서 표현할 수 있는 양이 폭발적으로 증가하고 나면 그때부터는 교정을 통해서 다듬는 작업이 필요하다. 바로 그때 원어민 친구를 사귀거나 교정해 줄 선생님이 필요하게 되는 것

이다. 영어 쓰기도 말하기와 같은 메커니즘을 따른다. 지금까지 열거한

영어 학습의 순서를 나타내면 다음 그림과 같다.

영어 학습 순서

영어로 바뀐 인생

영어가 돈이 되다니?

온라인에 포스팅한 글을 아내가 공유했다. 자연스레 지역의 어머니들 사이에서 유명해졌다. 영어에 관심 없던 사람들조차도 나의 영어 콘텐츠는 쉽고 재밌어서 실제로 들어보고 싶다고 말했다. 한 어머님이 초등학생 과외를 먼저 제안해 고민 끝에 수락했다. 얼떨결에 시작한 과외는 생각보다 재밌었다. 수업 중에 동사와 전치사의 개별 뿌리 이미지를 아이들에게 알려 주면 다른 문장에서 다른 활용으로 쓰이더라도 금세 이해하고 응용까지 했다. 그 과정에서 '한 컷 영어'에 대한 자신감을 얻었다. 마음 한편에 성인에게도 한번 적용해 보면 어떨지 궁금증이 싹트기 시작했다. 하지만 그때는 엔지니어로서의 본업이 있었기에 성인을 대상으로 강의할 엄두를 내지는 못했다. 그렇게 1년의 세월이 흘렀다. 그게 인연이

면동초등학교 학생들과 함께

되어 면동초등학교와 결연하여 재능 기부 영어 수업도 진행했다.

그즈음 성인 과외 제의가 들어왔다. 그는 호주의 유명 브랜드 스핀파이어에서 테니스 용품을 수입하는 업체의 대표였다. 그는 그동안 수많은 번역 업체와 일해 왔는데 제대로 번역을 해 주는 업체를 만나기가 너무 어려워 하는 수 없이 직접 영어를 배우기로 결심했다고 말했다. 그러다 얘기가 과외에서 점차 번역 일을 맡아 달라는 쪽으로 흐르게 되었다. 그 순간 속으로 깜짝 놀랐다. 단 한 번도 내가 번역을 하게 되리라고는 생각해 본 적이 없었기 때문이었다. 특히 비즈니스 번역은 돈이 결부되어 있기 때문에 너무 부담되어 처음에는 거절했다. 하지만 대표님이 너무나 간곡히 부탁해 반신반의로 번역 일을 시작하게 되었다.

번역 초기 업무 중에 한국에 아직 소개되지 않은 새로운 타입의 테니스공을 수입하는 장기 프로젝트가 있었다. 그 테니스공을 수입하기 위해서는 포장, 원산지 표시 관련법, 통관 절차 등 다양한 문제가 산적해 있었다. 그러한 문제들을 하나씩 해결해 나갈 때마다 기쁨을 느꼈다. 그러다 번역 시작 1년 만에 모든 문제를 해결하고서 그 공이 드디어 정식으로 수입되던 날, 그 희열은 이루 말할 수가 없었다. 이때 다시 한번 영어에 대해 애착을 가지게 되었다. 그렇게 얼떨결에 시작했던 번역을 2년이 지난 지금까지도 하고 있다.

하루에 천 명과 소통하다

온라인에서 활동하기로 마음먹고 페이스북을 시작했다. 댓글도 안 달던 성격에 갑작스레 페이스북을 하려니 막막했다. '한 컷 영어'를 포스팅하면서 가볍게 활동을 시작했다.(이때까지는 '한 컷 영어'라는 이름을 사용하지 않았었다.) 포스팅을 할 때마다 각 포스팅에 '좋아요'가 수백 개씩 달리면서 시작과 동시에 일주일마다 팔로워가 천 명씩 늘어났다. 3주 후에 팔로워가 3천 명이 넘었을 때 '스티븐영어' 그룹을 개설했다. 당시 한국인 멤버들의 더 많은 활동을 유도하기 위해 외국인 친구들을 그룹의 무료 원어민 선생님으로 영입했다.

외국인 친구들에게 재미로 영어 그룹을 운영해 보자고 제안했더니 흔쾌히 도와주었다. 특히 한국의 한 대학교에서 원어민 강사로 활동 중이던 미국인 미치**Mitch**가 가장 적극적으로 활동했다. 이 친구는 현재도 네이버에서 영어 블로그를 운영하는 유일한 외국인 블로거이기도 하다. 미치에게 영어에 관해 궁금한 것을 질문하면 답변해 주는 'Ask 미치'를 시작으로 멤버들의 영어 댓글을 첨삭해 주는 '도전 영어 댓글' 등을 차례로 시작하며 즐겁게 그룹을 운영했다. 이 아이디어들이 대박이 나서 두 달

만에 8천 명이 넘었고 당시 페이스북 모든 영어 그룹 중 멤버수 1위를 달성하게 되었다. 하지만 페이스북에서는 작성한 콘텐츠가 쌓이지 못하고 일회성으로 소모되는 점이 아쉬웠다. 이에 네이버 블로그로 자리를 옮기게 되었다.

페이스북에 팔로워가 1만 명이 넘는 상태에서 블로그를 시작했더니 첫날부터 하루에 수천 명이 방문하기 시작했다. 블로그는 페이스북과는 다른 점이 많았다. 첫째로, 콘텐츠의 가독성이 좋았다. '한 컷 영어'의 장점이 문장을 이미지로 느낄 수 있게 하여 주는 것인데 그것을 표현하기가 수월했다. 둘째로, 블로그는 콘텐츠가 카테고리별로 차곡차곡 쌓이는 맛이 있었다. 같은 영어 콘텐츠라도 '한 컷 영어'도 있었고, 100% 영어로 이루어진 미치의 블로그 번역 포스팅도 있었다. 그런 다양한 콘텐츠들을 일목요연하게 분류해서 방문자들이 원하는 콘텐츠를 찾아보기 쉽게 구성했다. 셋째로, 날짜가 어느 정도 지난 게시물도 검색을 통해서 노출되는 장점이 있었다. 페이스북처럼 1회 포스팅을 하면 엄청나게 퍼졌다가 며칠 만에 사라지는 것이 아니었다. 블로그가 없어지지 않는 한 개별 포스팅들은 언제든 보여질 수 있었다. 비로소 포스팅을 통해서 보여 주고 싶었던 것들을 좀 더 효율적으로 사람들에게 나눠 줄 수 있게 되었다.

수많은 사람이 좋아해 주다 보니 즐거운 마음으로 온라인에서 활동했다. 아주 잘 되다 보니 주말도 없이 하루에 4시간 이상을 온라인 활동에 투자하게 되었다. 30대 직장인으로서 업무 외 시간을 온라인 활동에 전념하기가 쉽지 않았다. 게다가 나는 아이도 있는 유부남이다. 고심 끝에 아쉽지만, 온라인 활동을 중단하기로 했다. 이때까지는 온라인에서 올린 모든 포스팅은 순전히 즐거움을 위한 재능 기부였다.

한국에서 영어를 시작하면서 내가 겪은 가장 큰 애로사항은 공부할 곳은 많은데 정작 활용해 볼 곳이 없다는 점이었다. 나는 그 방법을 찾고자 적극적으로 해외 사이트도 살펴보고 외국인들과 교류했지만, 한국인 대부분은 수동형 학습자라는 것을 알고 있었다. 그래서 카톡에서 오픈 채팅을 처음 개설했을 때 '바로 이거다' 싶었다. 이 플랫폼이라면 영어를 배우고자 하는 한국인들을 서로 연결해 줄 수 있겠다는 생각이 들었다. 나는 기꺼이 영어를 배우고자 하는 한국인들이 함께 영어를 공부할 수 있도록 스터디 리더가 될 의향이 있었다.

처음 카톡에서 영어 채팅을 오픈했을 때는 한국인들만을 위한 공간이었다. 페이스북과 블로그 등을 통해서 공개적으로 사람을 모았더니 순식간에 수백 명이 몰려서 도저히 대화가 불가능했다. 그래서 일정한 제한을 두고 100명 정도로 채팅방을 구성했더니 다양한 영어 대화가 오갔다. 그런데 여기에도 문제가 생겼다. 수준별로 나누지 않았더니 왕초보들이 소외되어 대화에 참여하지 못하는 현상이 발생한 것이다. 또한, 채팅방을 세분화해 소수로 구성하면 오히려 채팅방이 금세 없어지기도 했다. '영어 채팅'을 개설하고 2년 동안 여러 시행 착오를 거친 뒤 지금의 '언어 교환 채팅'이 탄생하였다.

우선 채팅방을 수준별로 나눠 왕초보들을 배려했다. 그랬더니 왕초보들의 이탈률이 줄어들었다. 그리고 채팅방에 한국어에 관심 있는 외국인들을 배치했다. 언어 교환을 할 수 있도록 조치했더니 채팅방이 현재까지도 잘 운영되어 지금은 카페의 대표적인 무료 서비스가 되었다. 참고로 외국인들도 친구들을 직접 데려올 정도로 만족도가 높다.

영어기술자가 되다

기존에 운영하던 페이스북과 블로그는 둘 다 콘텐츠를 일방적으로 사람들에게 선보이는 형태였다. 즉, 콘텐츠를 생산하는 도구였다. 나와 학습자들을 연결해 주는 역할은 할 수 있었지만 나는 여기서 한 걸음 더 진보하고 싶었다. 그래서 영어 학습자들을 좀 더 효율적으로 연결해 줄 방법을 찾기 시작했다. 그렇게 2016년 여름에 '스티븐영어' 네이버 카페를 시작했다. 그리고 나는 스터디 리더에서 영어 멘토가 되기로 했다. 한국에서 실제로 영어를 공부하는 다양한 방법을 제시해 주고 영어를 언어로써 느낄 수 있도록 도움을 주는 역할을 자청한 것이었다.

그것을 위해 우선 카페에 내가 한국에서 영어를 공부한 이야기를 올렸다. 엔지니어로서 영어를 시작했던 이유, 한국에서 외국인 친구들을 만난 이야기, 진짜 영어를 학습하려는 방법 등 이 책의 토양이 될 다양한 내용을 풀어냈다. 그리고 영문법을 시작으로 전치사, 원서 리딩, 발음이 포함된 원서 스피킹을 차례대로 출시했다. 강의만 풀어낸 것이 아니라 영어의 각 부분을 학습하기 위한 다양한 무료 툴과 해외 사이트들을 실제 활용 방법과 함께 제시했다.

나는 엔지니어이면서 동시에 회사에서 ISO 품질 관련 업무를 8년간 담당했다. 엔지니어는 효율성과 효과성을 따진다. 최소한의 시간과 노력으로 극대화된 결과를 만들어 내는 것이 바로 엔지니어의 숙명이다. 다음으로 ISO 품질 담당자는 최상의 품질을 꾸준히 유지하고 실수를 줄이는 것이 본연의 업무이다. 이 두 가지 강점을 강의 시스템에 녹여냈다. 기존에 장황하던 영어 강의를 핵심만 간결하게 전달하면서도 영어의 전체를 느낄 수 있도록 했다. 그 결과 대부분의 수강생이 영어를 잘할 수 있게 되었다. 그렇지만 모든 학습자들이 100% 성공한 것은 아니었다. 그래서 품질 관리 능력을 살려 학습자들의 실패를 줄이기 위해 연계 스터디, 언어 교환 채팅, 수강생들의 학습 노하우 등을 적재적소에 배치했다. 개별 수강생의 노하우를 공유할 수 있도록 조치해 실패율을 비약적으로 줄였다. 그렇게 나는 영어 멘토에서 영어기술자가 되었다.

영어가 급할 땐, 영어 119

"하루" 만에 영문법을 끝내다

학생 때부터 영문법은 포기 상태였다. 새롭게 영어 공부를 시작할 때 영문법은 꼭 필요하다고 생각해 문법책《Grammar In Use》를 사서 공부해 보기도 했다. 하지만 10쪽을 채 넘기지 못하고 포기했다. 당시에는 몰랐지만, 영문법 기초가 없는 상태에서 단순 반복을 통해 수많은 문장에서 문법을 유추해서 영어를 이해한다는 건 무모한 짓이었다. 하지만 그 당시에 영문법을 먼저 공부한 뒤에 반복을 통해서 영어 공부를 했더라도 결과는 마찬가지였을 것이다. 왜냐하면 앞서 언급한 것처럼 어느 학원이든 가르치는 것은 영문법이 아니라 '영문법 용어'였기 때문이다.

몇 년 동안 수백 명의 외국인과 활발하게 교류하면서 영어를 활용하다 보니 내 안에 영문법의 체계가 점차 잡혀 가는 것을 느꼈다. 학생 때 스쳐

지나갔던 영문법 용어가 불현듯 이해되기도 하고, 생각지도 못했던 영문법을 활용해서 글쓰기를 하기도 했다. 그렇게 작성한 영어가 맞는지 궁금해서 구글Google에서 검색해 보면 대체로 맞았다. 영어가 제2외국어처럼 편안하게 느껴지는 데 거의 4년이 걸렸다. 오랜 시간 투자와 엄청난 노력을 통해 얻게 된 이 영문법의 느낌을 2년 전 여름 강의로 풀어내기로 했다.

'한 컷 영문법'을 출시하기로 마음먹고 나서 강의를 구성했다. 처음 텍스트로 작성한 뒤 메일링 서비스를 시작했다. 처음에는 10명으로 서비스를 시작했다. 중간에 신규 수강생들이 늘어나면서 관리가 힘들어 약 30명의 수강생과 함께 네이버에 '스티븐영어' 카페를 시작했다. 주 2회씩 받아 보던 이메일 강의를 한꺼번에 보게 되면서 수강생들의 만족도가 높아졌다. 영문법의 가장 중요한 핵심만 짚으면서도 전체를 조망할 수 있도록 강의를 구성했다. 하지만 당시엔 기존 강의에 비해 분량이 많지 않았기에 수강생들의 반응이 궁금했다. 그런데 수강생들 모두 만족하고 있었고 영문법이 처음으로 쉬워졌다는 후기들도 남겨졌다.

이에 자신감을 얻어 한 달 뒤에 '한 컷 전치사' 강의를 시작하였다. 한국인들은 영어를 학습할 때 '전치사'가 얼마나 중요한지 모른다는 사실을 알고 있었다. 아니나 다를까 생각보다 수강생이 많이 늘지 않았다. 그래도 이때부터는 영어 원서가 읽히기 시작했다는 후기가 나오기 시작했다. 수강생들은 영문법이 혁신적이라고 입이 마르도록 칭찬해 주었다. 영문법과 전치사 강의를 묶어서 '하루에 끝내는 영문법'이라는 타이틀로 강남에서 첫 오프라인 수업을 진행했다. 수업은 대성공이었다. 수강생들은 수업 전에는 읽히지 않았던 책이 당일 2시간 수업 후에는 읽히기 시작했기 때문이었다. 그것도 한글로 해석하지 않고 뉘앙스까지 느끼게 된 것이다.

"1주일" 만에 영어 원서를 읽다

지난가을 전치사 수업까지 출시되었을 때 수강생들의 만족도는 높았지만, 신규 수강생이 유의미하게 늘지는 않았다. 그래서 곧 이전의 영문법과 전치사 강의를 활용하는 방법을 알려 주기 위해 실전편인 '원서 리딩' 수업을 시작했다. 개별 문법과 전치사를 통해 문장을 통째로 이미지로 이해할 수 있도록 알려 주는 강의였다. 원서 리딩 강의를 통해서 내가 알려 주는 것은 영어를 한글로 매칭해서 이해하는 방법이 아니었다. 영어를 이미지로 그리면서 자연스럽게 이해할 수 있도록 이미지 리딩을 하는 것이었다. 강의를 시작한 지 3일째, 놀랍게도 이미지 리딩 성공 후기가 속출했다. 당시에는 이런 수강생들도 있구나 하고 예외적인 경우로 생각했다. 그래도 사실이었기에 그때부터 영어 원서를 1주일이면 읽을 수 있다고 홍보했다.

사실 1주일 만에 어떤 변화를 맞이한다는 것이 불가능한 이야기처럼 들릴 수 있다. 그래서 수강생들의 변화가 일어나는 시점이 궁금해서 수강 후기를 작성할 때 수강 기간을 적도록 요청했다. 그랬더니 왕초보 수강생들조차도 1주일이면 변화가 시작되었다. 여기서 1주일이면 이미지로 영어 원서를 읽을 수 있다고 하는 것은 당연히 끝을 이야기하는 게 아니라 진짜 영어의 시작을 말하는 것이다. 이들은 아직 이미지 리딩에 익숙지 않기에 최소 1~2개월 정도는 지속해서 읽어야 이미지 리딩을 온전히 본인의 것으로 만들 수 있다.

수강생들은 1주일도 안 되어 스스로 이미지로 영어를 이해하게 된 것이 신기해서 자발적으로 성공 후기를 남겼다. 수강생 대부분은 의구심을 가지고 강의를 시작했다가 3일 안에 첫 번째 변화를 느끼고, 1주일 안에 성공 후기를 남기게 되었다. 그리고 그 후 한 달 동안은 수강생들 대부분이 영어를 원문 그대로 이해하고, 우리말로 해석하는 것보다 더 세세한 부분까지 느끼게 되었지만 막상 한글로 어떻게 표현해야 할지 모르는 갑갑한 상황을 맞이하게 된다. 그것은 이미지 리딩이 익숙해지는 1개월 차부터 스스로 번역을 할 수 있게 되면서 해결되기 시작한다.

"9주" 만에 번역을 하다

지난해 2월에 수강생을 위한 번역 스터디가 시작되었다. 이후에 언급할 유학 준비생 유훈 씨가 첫 번째 스터디 리더를 맡았다. 수강 1~2개월 된 멤버들 위주로 영한 번역 공부를 시작했다. 스터디가 진행되면서 스터디 멤버들의 만족도가 상당히 높았다. 읽기만 할 때는 정확히 이해하지 못하더라도 건너뛰게 되는 부분이 있었는데 모든 문장을 번역하다 보니 그런 부분이 없다는 점이 좋았기 때문이다. 게다가 멤버들은 서로 번역한 내용을 비교해 볼 수도 있고, 모르는 내용은 스터디 단톡방에서 서로 질의응답을 할 수도 있다.

처음 번역 스터디가 시작되었을 때 왕초보들은 스터디에 참여하는 데 시간이 좀 걸릴 것으로 예상했다. 왜냐하면, 영어를 원문 그대로 이해한 것을 한글로 의역 또는 번역해야 하는 과정이기에 수준이 높다고 생각했기 때문이었다. 그런데 뚜껑을 열고 보니 왕초보들도 한 달 안에 스터디에 참여해서 활발하게 활동을 한다. 그리고 9주가 지나면 원활하게 번역을 진행했다. 고무적인 것은 대부분 수강생들이 나보다 번역 수준이 더 낫다는 점이다.

번역 과정을 나눠 보면 두 단계가 있다. 먼저 영어를 원문 그대로 이해하는 것, 이것은 번역 수준으로 이해한다는 것을 뜻한다. 원어민과 유사한 방식의 영어에 대한 이해이기도 하다. 그렇게 영어 그 자체로 이해한 것을 이후에 문맥과 한국어에 맞게끔 변환하는 것이 바로 영한 번역이 되는 것이다. 우선 수강생들은 '한 컷 영어'를 통해서 영어 원문을 나와 유사한 수준으로 이해하게 된다. 다음 단계는 원문 그대로 이해한 것을 한글로 표현하는 것이다. 나는 이공계 출신의 엔지니어다. 인문계 출신 수강생이나 여성 수강생들은 나보다 한국어를 표현하는 능력이 더욱 높다. 그래서 수강생 대부분은 영한 번역 실력이 나보다 나은 결과가 나오게 된다. 이 부분 때문에 영어를 공부할 때 한국어 실력도 중요하다고 말하는 것이다.

억대 연봉 강사가 되다

시중의 영어 학원에서 4주면 미드를 자막 없이 볼 수 있고, 말문이 바로 트일 수 있다고 홍보한다. 그 광고는 마케팅 담당자가 4주라고 정해 놓고서 문구를 만든 것이다. 실제로 4주면 그런 결과가 나올 수 있어서 작성한 것이 아니라 단순히 과장 광고를 위한 4주였다. 우리도 그 사실을 알기 때문에 4주간 수강한 뒤 아무런 변화가 없는데도 불구하고 이의를 제기하지 않고 이 방법은 아니라고 판단하고는 또 다른 유사한 방식의 영어 수업을 수강한다. 이 과정을 반복하다가 결국 영어에서 멀어지게 된다.

지난봄 오프라인에서 먼저 '한 컷 영어'를 출시했을 때 사람들이 나에게 물었다.

"얼마 동안 수강하면 원서를 읽을 수 있나요?"

당시에는 강의를 막 출시한 상황이었고 검증도 되지 않았기 때문에 속으로는 6개월을 생각했지만 1년이라고 말했다. 원서를 단순히 읽는 것도 아니고 원어민처럼 뉘앙스까지 느끼면서 읽는 수준을 말한 것이었기 때문에 1년도 굉장히 빠른 것으로 생각했다. 하지만 그건 나만의 생각이었고 제시한 기간이 너무 길어 실제 수강생이 몇 명 되질 않았다. 고민 끝에 한 달 만에 온라인에서 강의를 하기 시작했다.

영어를 학습하는 것은 밑 빠진 독에 물을 붓는 것과 같다. 매일 조금씩 학습한다면 바닥의 구멍으로 빠져나가는 것이 더 많아 실력이 쌓일 수가 없는 상황이 된다. 기존 수업들은 같은 바가지로 지속해서 꾸준히 담는 것만을 요구했다. '한 컷 영어'는 바가지 자체를 100배 사이즈로 바꿨다. 빠져나가는 것보다 훨씬 많은 정보를 아주 간단한 방법으로 전달한 것이다. 영문법을 하루 만에 끝내는 것이 바로 그 증거다.

　그런 방식으로 전달하다 보니 '119 법칙(1일-문법 끝내기, 1주일-원서 읽기, 9주-번역하기)'이 사실로 굳어졌다. 그러면서 입소문에 의해서 자연스럽게 수강생이 폭증하고, 6개월 만에 억대 연봉 강사로 거듭나게 되었다. 나는 대형 영어 학원에 속하지도 않았고, 전문 영어 강사도 아니다. 다른 강사들처럼 내가 가진 영어를 효율적으로 전달하는 것에만 관심을 두지 않았다. 수강생들이 영어를 할 수 없는 이유에 대해서 더 많은 고민을 했다. 내가 한국에서 영어를 학습하면서 겪어 온 과정을 토대로 수강생들이 현재의 여건 속에서도 영어를 잘할 수 있는 방법을 연구했다.

　내가 학습한 과정을 전달하는 게 아니라 내가 학습한 결과를 Ctrl+C (복사)해서 수강생들에게 Ctrl+V(붙여 넣기) 했다. 내가 성공한 과정을 일방적으로 밀어붙인 것이 아니라 누구나 보편적으로 성공할 수 있는 결과를 제시한 것이다. 수강생들의 실제 성공 사례를 하나씩 살펴보자. 카페에는 2년 만에 300명이 넘는 성공 후기가 있다.

당신의 성공 이야기

한국에서 끝낸 어학연수

유훈 씨(실명)는 호주 유학을 준비하고 있었다. 유학할 때 아이엘츠 IELTS 시험 점수가 필요하다 보니 별다른 고민 없이 아이엘츠 스피킹 학원에 등록했다. 아무런 준비 없이 수업에 참여했더니 말하고 싶은 것은 머릿속에서만 맴돌 뿐 입 밖으로 도저히 나오지 않았다. 머릿속에서 매번 문법과 단어의 조합만 고민하다 보니 미처 말을 내뱉기도 전에 대화는 끝나 버렸다. 학원에 문의했더니 다른 수강생들보다 상대적으로 더 디디고 했다. 고민을 거듭하다 어휘가 부족한 것 같아 한 달간 단어장을 억지로 무작정 외워 봤다. 하지만 정작 대화할 때는 외운 단어의 5%도 입 밖으로 나오지 않았다. 분명 무언가 고질적인 문제가 있으리라 생각했지만, 딱 꼬집어서 무엇이 문제인지 알 길이 없었다.

지푸라기라도 잡는 심정으로 인터넷에서 영어 학습 관련 정보를 찾다가 우연히 '스티븐영어'를 발견했다. 유훈 씨는 무엇이든 이해되지 않는 것은 암기할 수 없는 특징을 가지고 있었다. 그런데 샘플 강의를 보면서 영어를 암기가 아니라 이해할 수 있도록 도와준다는 것이 신기했다. 그래서 나와 상담 후 곧 수강을 결정했다. 강의를 수강하는 데 하루가 채 걸리지 않았다. 영어를 가볍게 이해시키면서 설명해 줄 수 있다는 점은 독특하게 다가왔지만, 강의가 너무 짧아서 이게 뭔가 싶었다. 이때까지는 강의에 의구심을 떨칠 수가 없었다. 이후 반전이 일어났다.《Magic Tree House》시리즈를 읽으면서 어안이 벙벙해지는 느낌이 들었다. 한글로 해석하지도 않았는데 대부분 다 선명하게 머릿속에 그려지기 시작했기 때문이었다. 그래서 수강한 지 3일 만에 첫 번째 후기를 남겼다. 이후 원서를 읽는 중간에 마치 성장통처럼 슬럼프가 찾아오기도 했지만, 꾸준히 원서 읽기를 하면서 극복해 나갔다.

《Magic Tree House》를 20권 넘게 읽게 되면서는 영어로 말하는 것에 대한 부담감이 사라졌다. 수강 전에 고민하던 문법과 단어 선택의 문제가 줄어들며 오히려 자신감으로 채워졌다. 이 무렵 번역 스터디가 처음 시작될 때 스터디 리더를 할 정도로 실력이 급상승했다. 이때부터는 다른 수강생들에게 학습과 관련해 조언도 해 줄 정도로 여유가 생겼다. 어느 시점엔 실력이 정체되는 느낌이 들면서 또다시 슬럼프가 찾아왔다. 그것 때문에 또 한 번 고민하고 있던 차에 어학원에서 본 시험에서 Advanced 등급을 받았다. 어학연수 과정을 거치지 않고 곧바로 유학을 떠날 수 있게 되었다. 이때까지의 과정이 단 3개월 만에 이루어졌다.

지난해 10월에 유훈 씨가 처음 전화 상담을 해 왔을 때 나는 자신 있게 '한 컷 영어'에 올인하라고 말할 수 없었다. 이때는 '원서 리딩' 수업을 막 시작했던 시기로 아직 '원서 스피킹' 수업도 준비 중에 있었다. 문법을 통한 원서 읽기가 영어의 가장 근간이 되긴 하지만 유학을 준비하는 사람에게 이것만 가지고 영어가 될 것이라는 거짓말을 할 수가 없었기 때문이다. 나의 만류에도 유훈 씨는 올인했고, 3개월 만에 어학연수 과정 없이 유학을 갈 수 있게 되었다. 이후로는 유학생이나 유학 준비생들이 수강 문의를 해 올 때면 자신 있게 강의를 추천할 수 있게 되었다. 지금의 유훈 씨는 영어를 이해하는 방식이 이전과는 완전히 달라졌다. 그리고 다른 사람들이 올린 수강 후기를 보는 사람에서 직접 본인의 성공 후기를 남기는 사람으로 거듭나게 되었다. 모든 내용이 사실이기에 유훈 씨도 나도 당당하게 책에 실명을 거론하기로 했다. 아래 QR코드에서 유훈 씨의 인터뷰 영상도 확인할 수 있다.

열정이 넘치는 78세 영문학도

지난해 여름이었다. '한 컷 영문법' 출시 후 사람들의 반응을 살피고 있었다. 기존 영문법과 전혀 다르게 암기 없이 100% 이해에 기반을 둔 학습법이라는 자부심이 있었다. 영문법을 간결하게 표현하면서도, 영문법의 큰 틀도 동시에 느낄 수 있도록 구성했기 때문이었다. 이는 엔지니어적인 관점으로 영문법을 말랑말랑하게 개선한 것이었다. 하지만 실제 성공 사례가 없다면 그건 강사 혼자만의 공허한 메아리가 될 수 있다고 생각하던 차였다.

그 시기에 대전에서 목회 활동을 하시던 60대 남성이 수강 신청을 해왔다. 어렵게만 느꼈던 영문법이 너무나 쉬워졌다면서 지인을 소개해 줘도 될지 나에게 물었다. 대신 연세가 좀 있으시니 잘 도와 달라는 말을 덧붙였다. 나는 흔쾌히 도와드리겠다고 했다. 이후 받은 연락처로 전화를 했다.

"영어에 관심 있다고 하셔서 연락드렸습니다."

"제가 나이가 좀 많은데 괜찮을까요?"

"물론입니다. 60대도 계시는걸요."

"78세인데 방통대 영문과에 다녀요. 영어가 정말 하고 싶은데 너무 어렵네요."

연세에 한 번 놀랐고, 영어에 대한 열정에 한 번 더 놀랐다. 황송한 마음에 나도 모르게 머리를 연신 조아리면서 통화를 했다. 컴퓨터가 어려우신 어르신을 위해 카페 가입도 직접 해 드리고, 화상 통화를 하면서 강의 수강 방법도 알려 드렸다. 실제로 강의를 수강하기까지 크고 작은 문제들이 있었지만, 노신사의 열정 앞에 넘지 못할 산은 없었다.

노신사는 영문과 학생이긴 했지만 영문법조차 제대로 이해하지 못하던 상태였다. 그러다 보니 쉬운 영어 원서조차 한글로 억지로 해석하면서 읽다가 결국은 포기하기 일쑤였다. 그런데 '한 컷 영문법'은 수강 과정

자체도 쉽고 즐겁다고 통화로 첫 번째 코멘트를 남겨 주었다. 이후 며칠 지나지 않아 영어를 한글로 해석하지 않고 이해하게 되었다며 정말 고맙다는 말을 남겼다. 이제는 더 이상 영어가 두렵지 않다고 했다. 강사로서 정말 뿌듯한 순간이었다.

성인이 영어를 공부하기가 어려운 것은 머리가 굳어서가 아니라는 것을 수강생들을 보면서 깨닫게 되었다. 사실은 수십 년간 실패해 온 방식을 그대로 답습해 온 기존 영어 학습법이 문제였다. 그들은 겉으로는 마치 다른 듯이 포장되어 있지만 결국은 모두 '암기'와 '단순 반복', 이 두 가지였다. 그것을 텍스트를 통해서 할 것이냐, 소리를 통해서 할 것이냐만 다르지 본질은 같았다. 그래서 나는 그것들을 철저하게 '이해'를 바탕으로 하는 학습으로 바꿨다. 그 결과 이런 성공 사례들이 나왔다. 게다가 대부분 수강생이 영어에 성공하게 되었다. 앞으로 영어 학원에 가면 "얼마만큼 하면 영어를 잘하게 되나요?"라고 묻는 대신 "전체 수강생 중 몇 퍼센트가 성공해요?"라고 묻기를. '한 컷 영어'는 자신 있게 대답해 주겠다.

"90% 이상이 성공합니다."

영어 왕초보 엄마

올 초에 영어 왕초보인 상태로 카페에 가입한 30대 어머니가 있다. 단어도 모르는데 수강할 수 있는지 질문해서 전혀 문제없다고 답변했다. 샘플 강의를 듣더니 단번에 수강을 결정했다. 요즘 어머니답게 아이의 영어 교육에 관심이 많았고, 자신이 배워서 아이에게 영어를 가르치고 싶다고 했다.

　나도 유치원생 딸이 있다 보니 영어 홈스쿨링 방법에도 자연스레 관심을 가지고 살펴보았다. 그런데 하나같이 아이들에게 영어를 일정 시간 주기적으로 노출될 수 있도록 독려할 뿐 정확한 학습법이 있는 게 아니었다. 하루에 30분씩 무조건 자리에 앉혀서 책을 읽도록 독려하거나 집중해서 듣기, 흘려 듣기란 명목으로 알지도 못하는 내용의 콘텐츠들을 무조건 듣도록 강요했다. 혹은 무턱대고 큰 소리를 내면서 읽으라고 강조한다. 그게 어떻게 학습법인가? 그건 단순한 강요법일 뿐이다.

　세 살 난 아이를 키워야 하는 입장에서 많은 시간을 할애하지는 못하는 그 수강생은 아이를 재워 놓고 밤에만 1시간씩 공부를 했다. 그러고는 정확히 수강한 지 한 달 뒤 번역 스터디에 참여해서 가장 열심히 번역 작업을 했다. 학교에서 배우던 대로 억지스럽게 직역하는 것이 아니라 영어를 뉘앙스까지 이미지로 이해해서 그것을 적절한 한글로 의역 및 번역하는 작업을 한 것이다. 그리고 원서 읽기 스터디에서는 리더로 활동했다.

　영어 왕초보가 수강한 지 1개월 후부터 한글 없이 원서를 어감까지 느끼면서 읽고 번역까지 할 수 있게 되었다. 이 수강생이 《Magic Tree House》 시리즈를 이해하는 수준은 지금은 웬만한 영어 선생님보다 훨씬 높다. 실제로 전문 번역가나 원어민과 같은 느낌과 감성으로 읽을 수 있게 되었기 때문이다. 엄마가 영어 선생님처럼 영어를 잘하게 되었다면 당연히 본인의 아이들에게도 영어를 알려 줄 수 있다. 그것도 막연히 이렇게 하면 영어가 된다더라 하는 방식이 아닌 본인이 성공한 방식을 아이가 이해할 수 있는 언어로 설명해 줄 수 있게 된 것이다.

기존 홈스쿨링으로 진행하는 강요법으로도 영어에 성공하는 아이들이 극소수지만 있다. 그러다 보니 어머니들이 혹시나 하는 마음에 자신의 아이들에게도 동일하게 적용을 해 본다. 그 과정에서 실패하는 많은 아이들만 안타깝게 영어에서 멀어지는 현상을 초래했다. 그런데 이러한 상황이 왠지 익숙하지 않은가? 성인을 대상으로 하는 미드 학습법이나 원서 읽기 강의도 사실 본질적으로는 동일한 방식이다. 그리고 극히 일부만 성공한다. 이제부터는 성공 여부가 아닌 성공 확률을 보자.

이러한 실수를 하지 않기 위해서 엄마가 먼저 영어에 대한 정확한 관점을 가져야 한다. 학원에 보낼 것이 아니라면 엄마가 영어를 잘 알아야 한다는 것은 너무나 당연하다. 여러분은 '한 컷 영어'를 통해서 영어에 대한 관점이 기존과 전혀 다른 방식으로 변화할 것이다.

지난 1년간 단어도 모르는 왕초보부터 중·고등학생, 대학생, 해외 유학생에 고령의 성인들까지 사실상 모든 유형의 영어 학습자들이 성공하는 것을 지켜보면서 강의에 대한 자신감을 얻었다. 그런데 한편으로는 이런 생각도 들었다. '영어와 한국어가 둘 다 모국어인 사람은 내 강의를 어떻게 생각할까?' 올 초 이중언어를 구사하는 이에게 강의를 선보일 기회가 있었는데 그가 강의를 듣고는 감탄을 금치 못했다. 본인이 모국어로서 가지고 있는 영어의 느낌을 강의로 너무나 잘 표현했다고 말했다. 앞으로 '한 컷 영어'를 통해서 영어를 어렵게 느끼는 사람이 단 한 명도 없기를 바란다.

'한 컷 영어', 당신의 성공으로 증명합니다!

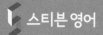 스티븐 영어

https://yoursteven.com

FAQ

Q. 이미지 리딩은 원서가 있어야 하나요?

A. 수강 2주면 원하는 영어원서를 선택해서 스스로 읽을 수 있게 됩니다. 무료 자료도 많으므로 수강전 원서를 구입하지 않아도 됩니다.

Q. 제 수준은 왕초보/중수인데 수강가능한가요?

A. 영어를 정확하고 빠르게 이해하는 것은 왕초보와 중수 둘 다 공통으로 부족합니다. 바로 그 부분을 아주 쉽게 이미지로 해 결합니다. 이는 60대 왕초보부터 중수, 영어강사에 이르기까 지 모두 만족하는 이유입니다. 샘플강의로 확인하세요.